MW01028667

Dedicado a:

Jackeline Guevara

6/25/2007

Por:

_____

Fecha:

_____

Introducción

Doy gracias a Dios por el ministerio que el Señor ha depositado en el Pastor Guillermo Maldonado, haciendo de su vida un canal de bendición para llevarle salvación y liberación a miles de almas.

No solamente es un siervo ungido del Señor, el cual Dios ha estado usando por mucho tiempo tanto en la evangelización como en el pastorado, sino también en el área de liberación y sanidad interior.

Dios lo ha inquietado para compartir esta área en la ministración pastoral y escribirla en este libro titulado: "Sanidad Interior y Liberación", para ser de bendición a ti, querido lector, e ir más allá del alcance físico del autor, a muchos hombres de diferentes lenguas y naciones que tanto necesitan este tipo de enseñanza.

Creo con todo mi corazón que este libro, que ha sido una recopilación de su sentir y su vida ministerial, será de impacto y de edificación para aquellas personas que necesitan ser sanadas interiormente. Este libro será como un manual práctico para líderes y pastores que continuamente están lidiando en la grey del Señor.

Estamos viendo cómo el Espíritu Santo está restaurando Su Iglesia en todas las áreas y en todo el mundo; y esta restauración está tanto en lo ministerial como en la revelación de Su Palabra y en la ministración de los dones, produciendo, de esta manera, un genuino entendimiento y una sólida convicción de cómo vivir experimentando victorias continuas en los conflictos diarios del alma.

Muchos son los que se han conformado, por mucho tiempo, con las migajas que caen de la mesa de su Señor, pero es hora de recibir el pan que viene del cielo como regalo de plenitud para cada individuo que tiene el gran privilegio de ser llamado "hijo de Dios". Sí, esto es una verdad irrevocable y permanente, y para los hijos, es el pan de la sanidad total.

Es de vital importancia entender objetivamente este tema, ya que existen millones de personas en el valle de la indecisión que necesitan ser alcanzadas para que puedan experimentar una liberación total.

Hoy, como una bendición más de nuestro buen Dios, llega al lector este libro inspirador, el cual será de impacto a todo aquel que tenga la oportunidad de leer y de estudiar cada uno de los capítulos que se mencionan en el mismo.

A medida que leas este libro, irás entendiendo las áreas de tu vida que tienen que ser tratadas y consideradas para que puedas tener la seguridad de que sólo el Señor y su verdad revelada te harán totalmente libre.

También, podrás estudiar paso a paso los consejos dictados, para ser un instrumento de bendición a las vidas que el Señor ponga en tu camino y en el transitar diario de tu vida con Él.

Recuerda que Jesús le dice a sus discípulos acerca de Lázaro: "desatadle y dejadle ir". Éste es el ministerio de aquellos que sirven a Dios. Tenemos en nuestras manos la oportunidad de desatar aquello que el Padre, a través del Hijo, ha resucitado. Son muchos los que han sido trasladados de la muerte a la vida nueva, pero aún así están atados de pies a cabeza. Muchas veces, se ha predicado que Cristo hizo todo, y es cierto; Él completó su obra, pero le delega a sus siervos el trabajo de desatar a los cautivos. ¡Somos sus manos, somos sus pies, somos sus siervos. Tenemos que liberar!

Jesús le preguntó al apóstol Pedro tres veces: "¿me amas?". Jesús le contesta: "Pastorea mis ovejas". Todo buen pastor tiene que proveer pastos buenos para las ovejas.

La liberación y la ministración del alma dan como resultado la sanidad interior; son buenas dádivas que un buen pastor provee porque ama a sus ovejas.

Que el Señor te bendiga en la lectura de este libro y que puedas ser edificado totalmente para la gloria de Dios, rindiéndote incondicionalmente a su voluntad en obediencia.

José Zapico
Evangelista

CAPÍTULO

❧❧❧ 1 ❧❧❧

Sanidad Interior y Liberación

Cuando alguien conoce a Jesús como Señor y Salvador personal, viene a ser un hijo de Dios, lavado con su sangre, y que si muere, irá directamente al cielo. Este hecho no significa que el creyente ya es totalmente libre y que todos sus problemas se hayan terminado. Hay creyentes que tienen muchas ataduras del pasado, tales como: heridas, amarguras y complejos. La primera pregunta que viene a la mente es, ¿por qué si somos creyentes aún arrastramos con cosas del pasado? La razón es, que lo que nació de nuevo fue nuestro espíritu, pero nuestra alma tiene que ser renovada y transformada; por tanto, es en esta área donde necesitamos liberación y sanidad interior.

¿Cuál es el proceso?

El proceso consiste en exteriorizar situaciones, confesar pecados personales y de nuestros antepasados, renunciar y romper los poderes ocultos y reafirmar la fe en Dios y en su poder para liberarnos. En este proceso, se reclama la restauración del alma, sanidad espiritual, bienestar y paz interna. En muchos casos, la sanidad de los padecimientos físicos que se originan en el espíritu son también sanados.

La tricotomía del hombre

El hombre es un espíritu que tiene un alma y está dentro de un cuerpo físico. Cada una de estas partes tiene divisiones, las cuales vamos a estudiar muy cuidadosamente.

Espíritu: es el hombre interior, es la parte inmaterial o invisible del ser humano; y es la naturaleza espiritual del hombre la que le da la capacidad de comunicarse con Dios y que, a su vez, se divide en tres partes: comunión, intuición y conciencia.

«Lámpara de Jehová es el espíritu del hombre, la cual escudriña lo más profundo del corazón». Proverbios 20.27

- **Comunión:** es el medio por el cual nos comunicamos con Dios y desarrollamos relación íntima con Él.

- **Intuición:** es el testimonio interior por medio del cual el Espíritu Santo nos guía y nos habla. Es el conocimiento inmediato de una verdad sin la participación del razonamiento.

«Porque todos los que son guiados por el Espíritu de Dios, éstos son hijos de Dios. Pues no habéis recibido el espíritu de esclavitud para estar otra vez en temor, sino que habéis recibido el espíritu de adopción, por el cual clamamos: ¡Abba Padre! El Espíritu mismo da testimonio a nuestro espíritu, de que somos hijos de Dios». Romanos 8.14-16

- **Conciencia:** es el medio que nos permite distinguir entre el bien y el mal. La conciencia es el instrumento que Dios utiliza para guiarnos y para que podamos escoger correctamente.

«Verdad digo en Cristo, no miento, y mi conciencia me da testimonio en el Espíritu Santo». Romanos 9.1

Alma: es el asiento de la voluntad, de las emociones y de la mente. Ésta es la parte del creyente que no nace de nuevo, sino que necesita ser renovada y transformada.

Más adelante, en este capítulo, estudiaremos detalladamente la voluntad, las emociones y la mente, pero antes es necesario conocer a fondo cómo opera nuestra alma.

«Pero sed hacedores de la palabra, y no tan solamente oidores, engañándoos a vosotros mismos». Santiago 1.22

Cuando nacemos de nuevo, la obra de Cristo en nuestro espíritu es perfecta. Somos hijos de Dios, vamos al cielo, nuestro nombre está escrito en el libro de la vida, pero nuestra alma no es cambiada. Ahora bien, como nuestra alma (voluntad, emociones y mente) no nació de nuevo, surge una pregunta: ¿Qué hacemos con el alma? El alma necesita dos cosas: ser renovada y ser transformada.

«Así que, hermanos, os ruego por las misericordias de Dios, que presentéis vuestros cuerpos en sacrificio vivo, santo, agradable a Dios, que es vuestro culto racional. No os

conforméis a este siglo, sino transformaos por medio de la renovación de vuestro entendimiento, para que comprobéis cuál sea la buena voluntad de Dios, agradable y perfecta. Digo, pues, por la gracia que me es dada, a cada cual que está entre vosotros, que no tenga más alto concepto de sí que el que debe tener, sino que piense de sí con cordura, conforme a la medida de fe que Dios repartió a cada uno».
Romanos 12.1-3

Por esa razón, hay muchos creyentes que todavía tienen heridas emocionales, malos pensamientos y deseos de no hacer la voluntad de Dios; esta última viene siendo rebeldía.

Muchas personas se confunden porque no saben con certeza si han nacido de nuevo, porque aún arrastran cosas del pasado que no han podido vencer. Realmente, lo que necesitan es renovar su alma, y esto se logra a través de la Palabra de Dios, la sanidad interior y la liberación. La mayor parte de los problemas de un creyente están en su alma, es decir, en su voluntad, en sus emociones y en su mente.

El nuevo nacimiento

«Le respondió Jesús: – De cierto, de cierto te digo que el que no nace de nuevo no puede ver el reino de Dios. Nicodemo le preguntó: – ¿Cómo puede un hombre nacer siendo viejo? ¿Puede acaso entrar por segunda vez en el vientre de su madre y nacer? Respondió Jesús: – De cierto, de cierto te digo que el que no nace de agua y del Espíritu no puede entrar en el reino de Dios. Lo que nace de la carne, carne es; y lo que nace del Espíritu, espíritu es. No te

maravilles de que te dije: "Os es necesario nacer de nuevo"». Juan 3.3-7

Hay creyentes que no han entendido lo que es el nuevo nacimiento. La palabra de Dios nos enseña que cuando un cristiano recibe a Jesús como su Señor y Salvador, su espíritu nace de Nuevo, pero su alma no. La palabra de Dios enseña que el espíritu y el alma son diferentes.

«Y el mismo Dios de paz os santifique por completo; y todo vuestro ser, espíritu, alma y cuerpo, sea guardado irreprensible para la venida de nuestro Señor Jesucristo». 1 Tesalonicenses 5.23

«La palabra de Dios es viva, eficaz y más cortante que toda espada de dos filos: penetra hasta partir el alma y el espíritu, las coyunturas y los tuétanos, y discierne los pensamientos y las intenciones del corazón». Hebreos 4.12

¿Qué hace el nuevo nacimiento en nuestro espíritu?

«Os daré corazón nuevo, y pondré espíritu nuevo dentro de vosotros; y quitaré de vuestra carne el corazón de piedra, y os daré un corazón de carne». Ezequiel 36.26

• Nos da la posibilidad de comunicarnos con Dios.

• Nos permite conocerlo a Él y Su voluntad.

«Por lo cual también nosotros, desde el día que lo oímos, no cesamos de orar por vosotros, y de pedir que seáis

llenos del conocimiento de su voluntad en toda sabiduría e inteligencia espiritual». Colosenses 1.9

• Nos da la habilidad de ser verdaderos adoradores.

«Mas la hora viene, y ahora es, cuando los verdaderos adoradores adorarán al Padre en espíritu y en verdad; porque también el Padre tales adoradores busca que le adoren». Juan 4.23

En conclusión, hay muchos creyentes que tienen que pasar por ese proceso con la profunda convicción de que la redención perfecta, efectuada por Jesucristo en la cruz, fue más que suficiente para libertarlos y sanarlos de las heridas del pasado.

Características del alma

Las características del alma se comparan a las del asno. El asno es: desobediente, testarudo, voluntarioso, egoísta, jactancioso,ególatra, inseguro, rudo, exhibicionista, rebelde, orgulloso y arrogante.

Esta naturaleza necesita ser renovada y transformada. Hay dos tipos de vida: La vida del Espíritu, que en el griego original es la palabra *"zoe"* y la vida del alma que es *"psuke"*. El alma necesita ser cambiada o no vamos a poder disfrutar la vida abundante de Dios.

Tenemos que aprender a tener control sobre nuestra alma. El salmista dijo:

«Bendice, alma mía a Jehová, y bendiga todo mi ser su santo nombre. Bendice, alma mía a Jehová, y no olvides ninguno de sus beneficios. Él es quien perdona todas tus iniquidades, el que sana todas tus dolencias». Salmos 103.1 3

El alma debe estar bajo el control del espíritu renovado en Cristo.

Voluntad: es la faceta de una persona donde reside la capacidad de decidir. El ser humano es un agente moral, libre de escoger entre el bien o el mal. La Voluntad es la fuerza que abre y cierra todo acto de elección en nuestra vida, incluyendo los pensamientos, las pasiones y las emociones.

La voluntad del hombre es el área que trabaja en conjunto con nuestra mente y emociones. Es donde se nos da la capacidad de decidir lo que queremos ser y hacer. El ser salvo o condenado no depende de Dios, sino de la persona porque es un acto de voluntad propia recibir a Cristo o rechazarlo. Es con la voluntad que el hombre decide rechazar, recibir, escoger o desechar algo, y esto incluye los pensamientos, las pasiones y las emociones.

El hombre tiene una voluntad soberana para escoger hacer lo bueno o lo malo. El hombre decide servir a Dios o al diablo. Dios no tiene prisiones en el cielo; por eso, es tan importante tratar con nuestra vieja voluntad para hacer lo que a Dios le agrada.

Con la voluntad, el hombre se va formando según lo que piensa y según su vivencia en el ambiente donde se desarrolla, emocional y culturalmente. Todo esto determina lo que el hombre será. El hombre no regenerado, siempre se inclinará a pecar contra Dios.

Por ejemplo, la desobediencia es un acto de nuestra propia voluntad. La palabra de Dios dice: "el alma que pecare ciertamente morirá". ¿Por qué muchas veces nos cuesta dejar de hacer algo si somos dueños de nuestra propia voluntad? Porque la mente no renovada envía constantemente pensamientos a las emociones que no están sujetas al espíritu. Entonces, la mente y las emociones tratan de seducir la voluntad humana. Por esta razón, el hombre no puede parar de hacer las cosas que sabe que son desagradables ante Dios.

Dios ha puesto en la vida del hombre una barrera que Él mismo no traspasa; ésta se llama voluntad. Esta barrera tampoco la puede atravesar el enemigo. Si éste gana terreno en nuestras vidas, es porque nosotros con nuestra soberana voluntad se lo hemos permitido.

La voluntad del hombre se divide en: decisión, intención, propósito, elección y deseo. Es allí donde se originan las decisiones, las intenciones, los propósitos, y los deseos. Hacer siempre lo que queremos es la esencia de la rebelión. Cuando un creyente no renueva su voluntad, siempre va a querer satisfacer los deseos de la carne.

¿Cómo lidiamos con nuestra voluntad?

- Rindiéndola
- Quebrantándola
- Vaciándola y llenándola con la voluntad de Dios

¿Cómo rendimos nuestra voluntad?

La palabra de Dios habla de ciertos términos que nos enseñan que el rendir nuestra voluntad es un acto de elección. La Escritura usa términos, tales como:

- **Renunciar** - Esta palabra significa: "estar muerto a".

- **Despojarse** - Esto alude a deshacerse de algo malo, como lo es el viejo hombre.

  «En cuanto a la pasada manera de vivir, despojaos del viejo hombre, que está viciado conforme a los deseos engañosos, y renovaos en el espíritu de vuestra mente, y vestíos del nuevo hombre, creado según Dios en la justicia y santidad de la verdad». Efesios 4.22-24

- **Quitarse**

  «Quítense de vosotros toda amargura, enojo, ira, gritería, y maledicencia, y toda malicia». Efesios 4.31

- **Hacer morir**

*«Haced morir, pues, lo terrenal en vosotros: forni-
cación, impureza, pasiones desordenadas, malos deseos
y avaricia que es idolatría». Colosenses 3.5*

Recuerde que Dios no nos obliga a hacer ninguna de
estas cosas. Somos nosotros los que tenemos que
tomar la iniciativa de renunciar a las áreas de nuestra
vida que no le agradan a Dios. Tenemos que hacer
morir lo malo, quitar de nosotros todo aquello que
nos impide el crecimiento espiritual.

Desde hoy, empiece a renunciar a la amargura, a la
ira, al pasado y a los deseos de la carne. Cuando el ser
humano está decidido a hacer la voluntad perfecta de
Dios, todas sus promesas serán un sí y ¡amén!

¿Cómo se quebranta la voluntad?

Nuestra voluntad es quebrantada cuando Dios nos
disciplina y nos castiga como un Padre a su hijo en su
amor. A esto, también le podemos llamar el método
de "la trituración".

*«Porque así dijo el alto y sublime, el que habita la
eternidad, y cuyo nombre es el Santo: Yo habito en la altura
y la santidad, y con el quebrantado y humilde de espíritu,
para hacer vivir el espíritu de los humildes, y para vivificar
el corazón de los quebrantados». Isaías 57.15*

La voluntad de Dios la podemos conocer y cumplir de tres maneras:

- **Por iluminación.** La entendemos y la hacemos.

- **Por revelación.** Nos es dada a conocer y la cumplimos.

- **Por trituración.** La trituración tiene que ver con las circunstancias dolorosas que Dios permite en nuestras vidas, las cuales utiliza para enseñarnos a cambiar.

Recuerde que el mayor obstáculo en nuestra vida para hacer la voluntad de Dios es nuestra propia voluntad, nuestro "yo".

¿Cómo vaciar nuestra voluntad?

La renovación de nuestra mente por medio de la Palabra de Dios va a producir un deseo, y como ya sabemos, los deseos se encuentran en la voluntad. Cuando nuestra mente empieza a ser renovada, comenzamos a sentirnos bien haciendo la voluntad de Dios.

«Estando persuadido de esto, que el que comenzó en vosotros la buena obra, la perfeccionará hasta el día de Jesucristo». Filipenses 1.6

Cuando esto ocurre, podemos decir lo que dijeron los apóstoles Juan y Pablo:

«Es necesario que Él crezca y que yo mengüe». Juan 3.30

«Y no vivo yo, mas Cristo vive en mí». Gálatas 2.20

El sometimiento de nuestra voluntad va a ser un sacrificio a Dios y, entonces, podremos comprobar o experimentar personalmente la transformación continua en nuestra vida.

«Por tanto, no desmayamos; antes aunque este nuestro hombre exterior se va desgastando, el interior no obstante se renueva de día en día». 2 Corintios 4.16

Busquemos a Dios con responsabilidad y automáticamente encontraremos su voluntad en nuestra vida.

Las **emociones** son la parte del hombre, donde se envuelven los sentimientos y afectos.

Hay varias emociones negativas, tales como: tristeza, ira, vergüenza, dolor, miedo, celo, confusión y odio. De la misma manera, hay emociones positivas y éstas son: amor y gozo. Las emociones están en la vista, el gusto, el tacto, el olfato y el oído.

La realidad de las emociones

Jesucristo, realmente enfrentó todas las emociones y los sentimientos de la vida humana y lo hizo para proveernos de recursos con el fin de que pudiéramos controlarlas.

La persona que vive motivada solamente por sus sentimientos restará valor e importancia a todos los principios bíblicos.

«Pero pida con fe, no dudando nada; porque el que duda es semejante a la onda del mar, que es arrastrada por el viento y echada de una parte a otra». Santiago 1.6

Una tristeza intensa va seguida de un gran gozo y júbilo. Una depresión viene después de un gran entusiasmo. En el caso de Elías, fue así: él se sintió desanimado después de cortarle la cabeza a los profetas de Baal. Es posible que el ascenso y el descenso de las emociones no sólo descalifiquen a un creyente para andar en el espíritu, sino que también lo empujen a andar en la carne.

Cuando el espíritu comience a dirigir la vida del hombre, las emociones se controlarán. Como consecuencia, el silencio total de las emociones es una condición para poder caminar en el espíritu.

Inspiración y emoción

La inspiración es impartida por el Espíritu Santo y no necesita ningún estímulo externo para funcionar. La inspiración nace de nuestro interior.

Las emociones son impartidas por circunstancias externas y se marchitan sin la ayuda de éstas.

Un creyente, que en un momento se siente en el tercer cielo por algo que le ocurrió y en otro momento se deprime, está siendo controlado por sus emociones.

¿Cómo las emociones afectan nuestra vida?

1. Influyen en nuestras relaciones con otros. Nosotros somos el producto de nuestras experiencias pasadas, y nuestras reacciones surgen de acuerdo a las heridas que hemos experimentado en el pasado.

   Por ejemplo, una mujer que fue abusada por su esposo va a estar siempre a la defensiva en cualquier otra relación. Otro caso sería el de una persona que tiene raiz de rezhazo que le impide manifestar sus emociones y, como consecuencia, se crea una baja estima.

2. Serán un obstáculo para nuestra fe.

   Si nos dejamos guiar por las emociones, será muy difícil creer la palabra de Dios. Siempre vamos a querer ver primero para después creer. Los creyentes debemos caminar por convicción y no por emoción. Las heridas emocionales impiden entregarse al cuerpo de Cristo efectivamente y convivir en amor sin temor a ser rechazado. Las heridas del pasado están dañando su presente y su felicidad.

   «Porque por fe andamos, no por vista». 2 Corintios 5.7

«Pero Tomás, uno de los doce, llamado Dídimo, no estaba con ellos cuando Jesús vino. Le dijeron, pues, los otros discípulos: Al Señor hemos visto. Él les dijo: Si no viere en sus manos la señal de los clavos, y metiere mi dedo en el lugar de los clavos, y metiere mi mano en su costado, no creeré». Juan 20.24, 25

Mecanismos de defensa que utilizamos cuando estamos heridos

Muchos creyentes que han sido heridos, esconden el dolor en lo profundo y evitan por todos los medios hablar de ello. Otros usan mecanismos de defensa, tales como:

- **Proyectar rechazo:** Este caso se da cuando la persona siente y muestra un rechazo a reconocer que ha sido herida, prefiere negarlo (rechazar la idea) antes que enfrentarse con ella y hacer algo para sanarse.

- **Autojustificación:** Es un mecanismo de defensa utilizado por la persona herida cuando se siente incapaz de aceptar la responsabilidad que le corresponde sobre sus actos. Prefiere poner cualquier excusa, por más inverosímil que sea, antes que reconocer que algo no está bien en su vida.

- **Aislamiento:** Esto sucede cuando la persona herida decide apartarse del resto, rechazando toda posibilidad de ayuda, y prefiriendo de esta manera, permanecer aferrado a sus heridas.

SANIDAD INTERIOR Y LIBERACIÓN

¿Cómo lidiar con las emociones heridas?

1. Enfrentando la verdad.

Muchas veces, confrontar la verdad es muy doloroso; pero recuerde que la puerta por donde entró el dolor, es la misma puerta por donde debe salir.

«Y conoceréis la verdad, y la verdad os hará libres».
Juan 8.32

Las heridas escondidas, los traumas, la falta de perdón, los abusos de todo tipo y los pecados, son como una comida podrida en un refrigerador. Muchas veces, percibimos el mal olor y no sabemos de dónde viene; pero más tarde, encontramos que hay algo podrido en el refrigerador que lo está contaminando todo.

Cuando nos escondemos detrás de una puerta de dolor, tenemos que regresar por la misma puerta para ser libres; tenemos que enfrentarnos con la verdad.

2. Confesando que nos duele.

«Confesaos vuestras ofensas unos a otros, y orad unos por otros, para que seáis sanados. La oración eficaz del justo puede mucho». Santiago 5.16

3. Perdonando y olvidando.

El perdón no es un sentimiento, es una decisión. Tenemos que perdonar a aquellos que nos han ofendido.

«Y cuando estéis orando, perdonad, si tenéis algo contra alguno, para que también vuestro Padre que está en los cielos os perdone a vosotros vuestras ofensas». Marcos 11.25

4. Desarrollando dominio propio.

Tomemos una decisión firme de caminar de acuerdo al espíritu y no por emociones. "Y sobre todas las cosas, desarrollemos dominio propio".

«Digo, pues: Andad en el Espíritu y no satisfagáis los deseos de la carne». Gálatas 5.16

5. Haciendo un compromiso.

Hacer un compromiso verdadero de no vivir por emociones sino por los principios de la palabra de Dios.

6. Dando prioridad a la intuición del Espíritu Santo.

Conocimiento inmediato de la verdad que nos ofrece el Espíritu Santo sin necesidad de razonarla.

«*No os acordéis de las cosas pasadas, ni traigáis a memoria las cosas antiguas"*. *He aquí que yo hago cosa nueva; pronto saldrá a luz. ¿No la conoceréis? Otra vez abriré camino en el desierto, y ríos en la soledad*». Isaías 43.18, 19

¿Qué es la mente?

La **mente** es la parte del hombre donde se encuentra la habilidad de razonar, y donde radica la habilidad de escoger. Tanto razonar como escoger son las dos características que nos diferencian de los demás seres creados.

¿Qué hacemos con la mente?

La mente necesita ser renovada por medio de la palabra de Dios. Antes de ser creyentes, teníamos un sinnúmero de patrones, ideologías, argumentos y formas de pensar diferentes y contrarios a la voluntad de Dios. Mas ahora que estamos en Cristo, necesitamos renovar y quitar de nuestra mente esas ideas viejas para poner los nuevos conceptos de la palabra de Dios.

¿Cómo renovamos nuestra mente?

• Poniendo repetidamente la palabra de Dios en nuestra mente. Leyendo la Biblia, escuchando predicaciones, etcétera.

• Meditando en la palabra de Dios. Es hora de que nuestra mente se concentre sólo en esta verdad.

«No os conforméis a este siglo, sino transformaos por medio de la renovación de vuestro entendimiento». Romanos 12.2

La palabra **renovar** se compone de dos vocablos: **re** significa repetir; **novar** significa nuevo. En otras palabras, lo que está diciendo es que quiten lo viejo y repetidamente pongan algo nuevo en su mente: la palabra de Dios.

Cuando la mente es renovada, la voluntad rendida y las emociones controladas por el Espíritu Santo, habrá una cooperación para la unificación en el ser total y, entonces, Dios hará algo nuevo.

¿Qué es el cuerpo?

El **cuerpo** es el asiento de los deseos y las pasiones naturales. Es el medio que usan el espíritu y el alma para proyectarse hacia el mundo.

Entonces, podemos decir que el hombre es un espíritu, que tiene un alma y que vive dentro de un cuerpo físico.

Al haber estudiado las divisiones del hombre total: espíritu, alma y cuerpo, y habiendo reconocido que es el espíritu el que nace de nuevo, y que el alma (voluntad, emociones y mente) necesita ser renovada, entenderemos el porqué de la sanidad interior.

- Nuestra voluntad debe rendirse, vaciarse y quebrantarse para hacer la voluntad de Dios.

- Las emociones deben ser restauradas y sanadas para que no queden indefinidamente las heridas del pasado.

- La mente debe ser renovada repetidamente colocando la palabra de Dios en ella. De esta manera, se logra efectivamente el crecimiento espiritual del ser total, alcanzando la estatura de la plenitud de Cristo a un hombre perfecto.

En fin, los creyentes deben pasar por este proceso con la seguridad y profunda convicción de que la redención perfecta, efectuada por Jesucristo en la cruz fue más que suficiente para libertarlos y sanarlos de las heridas del pasado.

CAPÍTULO

ى‌ى‌ى 2 ؟؟؟

Sanidad Interior

Algunos creyentes no se han apropiado de la obra completa redentora de Jesucristo en la cruz del Calvario. Esto incluye: salvación, liberación, sanidad interior y sanidad física.

«El Espíritu del Señor está sobre mí, por cuanto me ha ungido para dar buenas nuevas a los pobres; me ha enviado a sanar a los quebrantados de corazón; a pregonar libertad a los cautivos, y vista a los ciegos; a poner en libertad a los oprimidos...». Lucas 4.18

Lamentablemente, cuando se habla de sanidad interior, se cree que tiene que ver con sicología y eso no es cierto.

¿Qué es sanidad interior?

Es el proceso mediante el cual una persona es liberada y sanada de heridas y de traumas del pasado producidas por otras personas o hechos. Estas heridas son las que le impiden disfrutar la vida abundante en Cristo. Esto implica una transformación y una renovación de nuestra alma, voluntad, emociones y mente por medio de la Palabra de Dios y del Espíritu Santo.

¿Qué no es sanidad interior?

La Sanidad Interior no es recordar y abrir todo nuestro pasado o nuestros pecados. No tiene que ver con la sicología del mundo. Es confesar y ser sanado de heridas pasadas.

Jesús pagó por completo

La obra de Jesús en la cruz del Calvario ofrece mucho más que el perdón de pecados; también, ofrece el pago por completo del ser integral: espíritu, alma y cuerpo. Si hay creyentes que todavía no andan en completa libertad, es porque no se han apropiado de la obra completa de nuestro Señor. Veamos qué nos dice *2 Corintios 5.17*.

«De modo que si alguno está en Cristo, nueva criatura es; las cosas viejas pasaron; he aquí todas son hechas nuevas».
Las personas creen que una vez que reciben a Cristo, ya se terminaron todos los problemas y que todo es hecho nuevo. La pregunta es: ¿en qué parte de su ser total fue hecho todo nuevo? Fue en el espíritu; el alma y el cuerpo siguen **siendo** los mismos.

Después que recibió a Jesús, ¿ha tenido los mismos malos pensamientos que antes? ¿Se ha airado? ¿Ha pecado contra Dios? Claro que sí. Pero el Espíritu Santo comienza a sanarle de heridas del pasado, por medio de la palabra de Dios. En este proceso, es importante diferenciar entre los pecados que han causado las heridas del pasado y los pecados después de conocer a Cristo para una sanidad interior efectiva.

La palabra de Dios nos habla que Jesús pagó para liberar nuestro ser total: espíritu, alma y cuerpo. Recuerde que Él le liberó del pecado original. Cristo, siendo el segundo Adán, lo hizo realidad. La sangre de Jesucristo es efectiva y poderosa para limpiar los pecados cometidos a diario.

La sanidad interior es para sanar los traumas del pasado, y el presente se tiene que vivir sin pecado porque sin santidad nadie verá al Señor. Pablo se dio cuenta que dentro de él estaba el mal, pero eso no tiene nada que ver con la sanidad interior.

«El Espíritu del Señor está sobre mí, por cuanto me ha ungido para dar buenas nuevas a los pobres; me ha enviado a sanar a los quebrantados de corazón; a pregonar libertad a los cautivos, y vista a los ciegos; a poner en libertad a los oprimidos». Lucas 4.18

La palabra **quebrantar** significa: romper, separar con violencia las partes de un todo; en el caso de un corazón, es uno que un corazón que está hecho pedazos por causa de las heridas. Jesús vino al mundo para tomar cada pedazo de su corazón y todo aquello de su vida que está roto para ponerlo junto y sanar toda herida, rechazo, amargura, falta de perdón, culpabilidad y lo que sea que esté afectando su vida de forma negativa.

¿Por qué los creyentes necesitan sanidad interior?

Hay muchos creyentes que han nacido de nuevo, irán al cielo, son hijos de Dios y el Espíritu Santo vive en ellos. Sin embargo, siguen atados al pasado y a las heridas recibidas; continúan atados a vicios y son víctimas de la depresión, dejándose dominar por sentimientos de rechazo, complejos de inferioridad, ataduras sexuales, temores, inseguridades, y además, arrastran maldiciones generacionales; por esa razón, necesitan recibir la sanidad interior y la liberación.

La importancia de enfrentar la verdad

«Dijo entonces Jesús a los judíos que habían creído en él: — Si vosotros permanecéis en mi palabra, seréis verdaderamente mis discípulos; **y conoceréis la verdad y la verdad os hará libres».** *Juan 8.31, 32*

Cuando intenta esconderse detrás de la puerta del dolor (las emociones heridas), va a tener que regresar a través de la misma puerta para adquirir su libertad. ¿Se está escondiendo porque la verdad es muy dolorosa? Cada área a liberar va a requerir enfrentar o ver una verdad, la cual siempre trae dolor con ella; pero recuerde que ésa es su salida a la libertad integral de su ser.

¿Cuál es el propósito de la sanidad interior?

La sanidad interior está relacionada con la persona y su pasado. En la vida emocional, **no hay tiempo ni espacio.** Lo que afectó a la persona en el pasado, haya sido en su niñez o en su vida adulta, tiene vigencia en el presente. Hay un dicho en el mundo que dice que **el tiempo borra las heridas,** pero eso es una mentira porque Jesús es el único que vino a sanar los corazones quebrantados. Jesucristo pagó, por completo, por aquellos que vienen con heridas del pasado. Él les sana y les da una libertad completa.

«¿Quién ha creído a nuestro anuncio y sobre quién se ha manifestado el brazo de Jehová? Subirá cual renuevo delante de él, como raíz de tierra seca. No hay hermosura en él, ni esplendor; lo veremos, mas sin atractivo alguno para que lo apreciemos. Despreciado y desechado entre los hombres, varón de dolores, experimentado en sufrimiento; y como que escondimos de él el rostro, fue menospreciado y no lo estimamos. Ciertamente llevó él nuestras enfermedades y sufrió nuestros dolores, ¡pero nosotros lo tuvimos por azotado, como herido y afligido por Dios! Mas él fue herido por nuestras rebeliones, molido por nuestros pecados. Por darnos la paz, cayó sobre él el castigo, y por sus llagas fuimos nosotros curados». Isaías 53.1-5

Las distintas etapas de nuestras vidas, en las cuales podemos recibir heridas, son las siguientes:

En la edad prenatal, en la niñez, en la adolescencia, en la edad adulta y en la etapa matrimonial.

La palabra de Dios nos enseña en el libro de *Génesis 3.15* lo siguiente: *«Y pondré enemistad entre tu simiente y la simiente suya, ésta te herirá en la cabeza y tú le herirás en el calcañar».*

El deseo del enemigo es herir a las personas de todas las formas y en todas las etapas de su vida. Él lo intentó con el Señor Jesucristo y lo intenta con cada uno de nosotros día tras día, sin descansar.

Todos hemos sido heridos en alguna etapa de nuestra vida y hemos entendido que, al venir a Jesús, todas las heridas no se sanarán por sí solas. Esto implica que hay que pasar por un proceso llamado sanidad interior y liberación, por medio del cual Dios nos restaura de las cosas del pasado.

No podemos esperar que el tiempo borre las heridas, porque eso no sucederá. Solamente la sanidad interior, por medio de la Palabra y la unción del Espíritu Santo, nos hará libres. ¡Amén!

3

La Falta de Perdón

H oy día, uno de los mayores problemas del cuerpo de Cristo, es la **falta de perdón**. Esto trae, como consecuencia, que los creyentes heridos, a su vez, hieran a otros. La falta de perdón es una puerta abierta al enemigo para destruir nuestra vida espiritual, emocional y física.

¿Qué es perdonar?

Perdonar es liberar o dejar ir a una persona que nos ha ofendido. Es soltar a la persona que nos causó daño, es cancelar una deuda pendiente que alguien tiene con uno; es tomar la decisión de perdonar como un acto de voluntad y no basado en emociones.

«Así también mi Padre celestial hará con vosotros si no perdonáis de todo corazón cada uno a su hermano sus ofensas». Mateo 18.35

¿Qué no es perdonar?

Esforzarse por olvidar lo que pasó, negar la ofensa recibida, pretender que el tiempo borre lo ocurrido, ignorar lo que pasó y tratar de olvidar, o simplemente disculpando al ofensor. No perdonar es decir:

"te perdono", pero sin haber perdonado de todo corazón.

El perdonar no es una alternativa, sino un mandato del Señor.

«*Porque si perdonáis a los hombres sus ofensas, os perdonará también a vosotros vuestro Padre celestial*». *Mateo 6.14*

La falta de perdón es una carnada del enemigo.

«*Y cualquiera que haga tropezar a alguno de estos pequeños que creen en mí, mejor le fuera que se le colgase al cuello una piedra de molino de asno, y que se le hundiese en lo profundo del mar, ¡Ay del mundo por los tropiezos! Porque es necesario que vengan tropiezos, pero ¡ay de aquel hombre por quien viene el tropiezo!*» *Mateo 18.6, 7*

Jesucristo habló de que era necesario que las ofensas vinieran. La palabra **ofensa** es una palabra muy especial y proviene del griego "*skándalon*" que significa trampa o carnada. Esta palabra fue utilizada en la antigüedad para describir lo que era un vástago curvado, una vara flexible con una carnada que se usaba para cazar animales.

En otras palabras, cada vez que alguien le ofende o le hiere, le está tendiendo una trampa o una carnada del enemigo para que se amargue y pierda su bendición. Nosotros los creyentes debemos aprender a cubrir las ofensas, y esto se logra, por medio del amor. El amor cubre multitud de pecados. Recuerde que, cuando se siente ofendido, no necesariamente el problema es la otra persona, sino usted mismo. ¿Cuál es la raíz de la ofensa? ...la inseguridad y la inmadurez. Esto causa que los individuos se ofendan fácilmente y todo lo tomen de forma personal.

Las consecuencias de no perdonar

* **Es desobediencia a Dios.**

  El perdón es un acto de nuestra voluntad. Decidimos perdonar porque es un mandato de Dios. Si no perdonamos, no seremos perdonados.

  «*Y a vosotros, estando muertos en pecados y en la incircuncisión de vuestra carne, os dio vida juntamente con él, perdonándoos todos los pecados. Él anuló el acta de los decretos que había contra nosotros, que nos era contraria, y la quitó de en medio clavándola en la cruz*». Colosenses 2.13, 14

* **El enemigo toma ventaja en nuestra vida.**

  La falta de perdón es una puerta abierta al enemigo, que destruye nuestro hogar, nuestras finanzas, nuestra salud y otros.

  «*...porque ¿quién de entre los hombres conoce las cosas del hombre, sino el espíritu del hombre que está en él? Del mismo modo, nadie conoció las cosas de Dios, sino el Espíritu de Dios*». 1 Corintios 2.11

  «*...ni deis lugar al diablo*». Efesios 4.27

«*Perdónanos nuestras deudas, como también nosotros perdonamos a nuestros deudores*». *Mateo 6.12*

Muchas personas no saben perdonar porque ellos mismos no han perdonado su pasado. Por eso, es necesario entender que Dios perdona al que se arrepiente.

• **Nuestras oraciones son estorbadas.**

La falta de perdón corta la comunión con Dios y su presencia no fluye en nosotros.

«*Y cuando estéis orando, perdonad, si tenéis algo contra alguno para que también vuestro Padre que está en los cielos os perdone a vosotros vuestras ofensas*». *Marcos 11.25*

Jesús nos exhorta a dejar lo que hacemos para arreglar primero nuestras cuentas pendientes con la persona que nos ofendió.

• **Dios no recibe nuestras ofrendas.**

Toda ofrenda a Dios es un sacrificio vivo, y Dios no puede recibir un sacrificio que viene de un corazón con falta de perdón. Esto viene a ser abominable delante de sus ojos. Algunos creyentes se preguntan por qué no prosperan si siempre diezman y ofrendan. Analice su vida y verifique si hay falta de perdón en contra de alguien.

«Por tanto, si traes tu ofrenda al altar y allí te acuerdas de que tu hermano tiene algo contra ti...» Mateo 5.23

- **Dios nos entregará a los verdugos (demonios).**

La falta de perdón es uno de los mayores atrayentes para los demonios. Cada vez que los demonios le recuerden lo que la persona ofensora le hizo, lo harán para torturar su mente.

En el idioma griego, la palabra **verdugos** significa **"atormentadores",** que no son otra cosa que los demonios. Si Dios le entrega a ellos, Él es el único que puede librarle. No se deje torturar más, ahora que usted conoce el plan del enemigo, sencillamente, no lo acepte, use su autoridad en Cristo Jesús.

«Así también mi Padre celestial hará con vosotros si no perdonáis de todo corazón cada uno a su hermano sus ofensas». Mateo 18.35

- **La fe es anulada.**

Es imposible creer a Dios cuando estamos heridos. De una sola fuente no puede fluir fe y resentimiento al mismo tiempo. Por mucho que se esfuerce, crea la Palabra o la confiese, su corazón no puede actuar en fe. La falta de perdón bloquea su corazón y no le deja creer.

- **El amor será anulado.**

La falta de perdón corta el fluir del amor de Dios en nosotros; no se puede amar y odiar al mismo tiempo. Por eso, en una relación, si no se sanan las heridas, no fluirá el amor de Dios en su plenitud. Algunas veces, usted escucha decir a ciertos cónyuges: "ya no le amo más", y no es que no le ama, sino que le ha herido tanto que esa falta de perdón cubre el amor que le pueda tener. **La persona que no perdona siempre será un perdedor, y las mayores heridas no se las causará a otras personas sino a sí mismo.**

- **Dios no nos perdona**

Si no perdonamos a aquellos que nos ofenden, tampoco Dios nos perdonará. El Señor nos lleva contra la pared a tal grado que si no perdonamos, Él tampoco nos perdona. Dios nos puede pasar algunas faltas, especialmente cuando somos inmaduros, pero Él nunca nos deja pasar la falta de perdón.

«En aquel tiempo, respondiendo Jesús, dijo: Te alabo, Padre, Señor del cielo y de la tierra, porque escondiste estas cosas de los sabios y de los entendidos, y las revelaste a los niños». Mateo 11.25

Niveles de consecuencias si no perdonamos

La falta de perdón nos lleva al resentimiento. Éste, a su vez, nos lleva a las raíces de amargura y al odio, produciendo una cauterización de la conciencia.

¿Cómo perdonar y olvidar?

Dios perdona y olvida. Dios tiene la capacidad de poder borrar de su memoria las cosas del pasado, pero nosotros los humanos no tenemos esa capacidad; por esa razón, Dios tiene que lidiar con nuestro corazón. Sí, podemos recordar lo que nos han hecho, pero si hemos perdonado de verdad, ya no nos causará dolor. Olvidar para nosotros significa no dar importancia a lo sucedido.

Pasos para perdonar

1. **Tome una decisión de perdonar con todo su corazón.**

   Recuerde que si usted espera sentir algo para perdonar, nunca lo va sentir. El perdón no se basa en sentimientos, sino en un compromiso de obedecer a Dios y a su Palabra.

   «Así también mi Padre celestial hará con vosotros, si no perdonáis de todo corazón cada uno a su hermano sus ofensas». Mateo 18.35

2. **Haga una lista de personas y cosas que lo han herido durante toda su vida.**

3. **Arrepiéntase por guardar esta falta de perdón en su corazón y por el pecado de juicio.**

La palabra de Dios nos ordena desechar todo resentimiento, amargura, odio y reconocer la falta de perdón hacia otros.

4. **Exprese su perdón en forma verbal.**

   «Confesaos vuestras ofensas unos a otros y orad unos por otros, para que seáis sanados. La oración eficaz del justo puede mucho». Santiago 5.16

5. **Renuncie a todo espíritu de resentimiento, amargura, odio y falta de perdón.**

Confiese su perdón a cada una de las personas, especificando las razones por las cuales tiene que perdonarlos.

Usted puede y debe perdonar. Hágalo repitiendo en voz alta y con todo su corazón:

"Señor: Yo perdono a (nombre de la persona). Le perdono por: (nombre aquí detalladamente todas las heridas y el dolor que le causaron y cómo le hicieron sentirse)".

Después de haber perdonado a cada persona, por cada recuerdo doloroso, por cada herida recibida, entonces termine con esto:

"Señor: Yo te entrego a todas estas personas y mi derecho a buscar venganza contra ellos. Opto por no aferrarme a mi amargura ni a mi enojo. Te pido, Espíritu Santo, que sanes mis emociones dañadas. Te lo pido en el nombre de Jesús. ¡Amén!"

Algunas preguntas acerca del perdón:

1. ¿Cómo saber si hemos perdonado?

   Cuando al recordar lo que nos hicieron, ya no nos duele más. Recordamos, pero ya no hay dolor en nosotros.

2. ¿Qué hay que hacer con aquellos que no aceptan nuestro perdón?

   Una vez que le hayamos pedido perdón, de ahí en adelante, si la persona no quiere perdonar, ya es problema entre ella y Dios. Lo único que se puede hacer es orar.

3. ¿Qué hacer con aquellos que nos ofenden constantemente?

   Perdonarlos todas las veces que sea necesario. Jesús dijo: "70 veces siete". Luego, debemos tratar de apartarnos de ellos para evitar ser heridos otra vez.

«Entonces se le acercó Pedro y le dijo: —Señor, ¿cuántas veces perdonaré a mi hermano que peque contra mí? ¿Hasta siete? Jesús le dijo: —No te digo hasta siete, sino aun hasta setenta veces siete». Mateo 18.21, 22

Recordemos que el perdón es un estilo de vida. El hecho de haber perdonado a alguien no significa que debamos estar de grandes amigos. Es recomendable, que si hay una persona que le hiere muy a menudo, usted trate de mantener una distancia. Si es posible, debe separarse de esa amistad, pero hágalo con amor. Aquellos que más amamos, serán los que más nos hieran; son las personas con las cuales nos relacionamos más de cerca.

Nunca olvide que, en esta vida terrenal, siempre seremos heridos, pero tenemos que aprender a perdonar y a olvidar para madurar en las cosas de Dios. Recuerde cuáles son los pasos a seguir para perdonar. Deje que se hagan parte de su vida y será un victorioso en el nombre que es sobre todo nombre, Jesucristo.

La Raíz de Amargura

La raíz de amargura es una de las mayores causas por la cual muchos creyentes están en miseria, enfermos, e incluso, apartados de la gracia del Señor. La amargura es más fuerte que la falta de perdón, ya que desarrolla raíces con ella, tales como: ira, enojo y maledicencia. Es una puerta abierta para que los espíritus inmundos atormenten a la persona.

«Mirad bien, no sea que alguno deje de alcanzar la gracia de Dios; que brotando alguna raíz de amargura, os estorbe, y por ella muchos sean contaminados». Hebreos 12.15

«Y no contristéis al Espíritu Santo de Dios, con el cual fuisteis sellados para el día de la redención. Quítense de vosotros toda amargura, enojo, ira, gritería y maledicencia, y toda malicia. Antes sed benignos unos con otros, misericordiosos, perdonándoos unos a otros, como Dios también os perdonó a vosotros en Cristo». Efesios 4.30-32

¿Qué es la raíz de amargura?

La **amargura** es una angustia del alma; es estar triste, desanimado y en desesperación; es sufrir una decepción y sentirse sin esperanza. Es cómo se siente el alma por circunstancias que nos sobrecogen y que no podemos cambiar; es tener una profunda tristeza y resentimiento, acompañada de hostilidad e ira reprimida.

La amargura es un resentimiento que viene a ser el veneno del alma y va contaminando todo hasta que destruye la vida de Dios en nosotros. También, acaba los valores de la personalidad y al hombre en su totalidad.

La amargura es la única contaminación que hace olvidar toda buena obra que Dios y las personas hayan hecho en nosotros. La raíz de amargura es el semillero fértil del enemigo, del cual él toma ventaja. Por eso, todo creyente debe vivir con un continuo espíritu de perdón. Si la amargura no se trata a tiempo, se va ir desarrollando en los siguientes niveles:

- Crece
- Se acumula
- Madura

Como la amargura es un resentimiento que tiene raíces, éstas se van arraigando cada vez más en lo profundo del corazón del propio hombre. Crecen hasta ahogar el alma, ya que su crecimiento es interno.

Después de que este ciclo pasa, se llega a convertir en un gran árbol. Los frutos de ese árbol serán: odio, resentimiento, ira y celos. La amargura fácilmente la vemos en los demás, pero se nos hace difícil identificarla en nosotros mismos.

¿Cuáles son las causas de la amargura?

1. Cuando se nos ha sido quitado algo o hemos perdido algo.

Un buen ejemplo de esto fue Noemí cuando perdió a su esposo y a sus hijos. Siempre que algo grande o importante es quitado de nuestra vida, el enemigo enviará un espíritu de amargura. Noemí tenía raíces de amargura contra Dios porque pensaba que Dios le había quitado a su esposo y a sus hijos. Una de las razones por las cuales muchos creyentes tienen raíces de amargura es porque están inconformes con Dios. Es de hacer notar que, Dios es el autor de toda buena dádiva, Él no es el autor de lo malo. La persona con raíz de amargura tiene la capacidad de vivir amargada toda la vida y siempre estar recordando y repitiendo lo que le hicieron y lo que le fue quitado.

«¿Habíais vosotras de esperarlos hasta que fuesen grandes? ¿Habíais de quedaros sin casar por amor a ellos? No, hijas mías; que mayor amargura tengo yo que vosotras, pues la mano de Jehová ha salido contra mí». Rut 1.13

Esaú perdió su progenitura, y cuando se dio cuenta de esto, le vino una gran amargura. Refiérase a *Génesis 27.34-40*

2. Cuando tenemos circunstancias que no podemos cambiar.

Cuando una persona se encuentra bajo una circunstancia que le sobrecoge y que no puede cambiar, le viene el desánimo, se angustia, se desespera y se siente sin esperanza. Ésos son los momentos en que se debe meditar en las promesas de Dios y en la esperanza que tenemos en Cristo. Cuando una persona está sometida por mucho tiempo a un problema difícil durante el cual no ve cambio alguno, está en peligro de abrir las puertas a un espíritu de amargura si lo permite.

La expresión típica de una persona amargada es: "me doy por vencido porque no hay esperanza ni posibilidades de cambio".

3. Cuando alguien nos ha herido emocionalmente.

Una de las razones por las cuales viene la amargura es por las heridas del pasado. Por tal razón, cuando viene una ofensa a nuestra vida, se debe perdonar inmediatamente y no permitir que el sol se ponga sobre el enojo. Las heridas deben ser sanadas lo más pronto posible. Recuerde el ciclo de las heridas emocionales:

Ofensa ▶ Falta de perdón ▶ Resentimiento ▶ Raíz de amargura ▶ Odio ▶ Cauterización de la conciencia

¿Cuáles son las indicaciones que muestran la raíz de amargura en una persona?

- La queja y la murmuración continua de las circunstancias de la vida y en contra de otras personas.

  «E hizo Moisés que partiese Israel del Mar Rojo, y salieron al desierto de Shur; y anduvieron tres días por el desierto sin hallar agua. Y llegaron a Mara, y no pudieron beber las aguas de Mara, porque eran amargas; por eso le pusieron el nombre de Mara. Entonces el pueblo murmuró contra Moisés, y dijo: ¿qué hemos de beber? Y Moisés clamó a Jehová, y Jehová le mostró un árbol; y lo hechó en las aguas, y las aguas se endulzaron. Allí les dio estatutos y ordenanzas; y allí los probó». Éxodo 15.22-25

- Todo el tiempo está airada y maldice de continuo.

  «Y no contristéis al Espíritu Santo de Dios, con el cual fuisteis sellados para el día de la redención. Quítense de vosotros toda amargura, enojo, ira, gritería, y maledicencia, y toda malicia». Efesios 4.30, 31

- Siempre recuerda detalles, tales como: nombres, cosas, palabras y circunstancias que fueron hechas y dichas. La raíz de amargura se torna en un registro minucioso de todo.

- El aislamiento. Toda persona con raíz de amargura se aísla porque tiene miedo a que la hieran más de lo que está.

¿Cuáles son las consecuencias de la raíz de amargura?

• Nos puede llevar a apartarnos de Cristo. La amargura tiene la capacidad de apartarnos de la fe, y esto es un riesgo que no se puede tomar.

«Mirad bien, no sea que alguno deje de alcanzar la gracia de Dios; que brotando alguna raíz de amargura, os estorbe, y por ella muchos sean contaminados». Hebreos 12.15

• Es la causante de muchas enfermedades físicas. Muchas de las enfermedades que las personas padecen en su cuerpo no son por razones realmente físicas, sino que están originadas en un alma enferma de amargura que exterioriza esto en un desbalance físico. Algunos ejemplos son: La artritis, las úlceras, el cáncer, el insomnio, la migraña y los dolores de espalda.

• La amargura nos encierra en una prisión.

«...porque en hiel de amargura y en prisión de maldad veo que está». Hechos 8.23

Hoy día, muchos creyentes se sienten encerrados en prisiones financieras y en problemas de familia. Esto es por causa de la amargura que hay en el alma. La amargura hace olvidar todo lo bueno que hayamos recibido de Dios y de las personas. Es algo que nos cubre, nos ciega y no nos deja apreciar lo bueno de la gente. Esto es debido a que creemos que siempre estamos en lo correcto y que todo el mundo está equivocado.

¿Cómo nos deshacemos de la raíz de amargura?

- Sacando algo bueno de todo lo malo que nos haya sucedido.

  «¿Por qué fue perpetuo mi dolor, y mi herida desahuciada no admitió curación? ¿Serás para mí como cosa ilusoria, como aguas que no son estables? Por tanto, así dijo Jehová: Si te convirtieres, yo te restauraré, y delante de mí estarás; y si entresacares lo precioso de lo vil, serás como mi boca, conviértanse ellos a ti, y tú no te conviertas a ellos». Jeremías 15.18, 19

  Dios le dijo a Jeremías: Si miras lo bueno y lo precioso que yo voy a sacar de eso malo, tú saldrás de ese dolor; y aunque yo no te haya enviado este problema, yo puedo hacer algo precioso de esto para tu crecimiento, y convertir lo malo en una bendición.

  Nunca será sanado de un dolor, de una circunstancia difícil, de una desesperación, de eso que le fue quitado, ni de esa herida que le hicieron, si no ve que, de eso negativo, Dios traerá una bendición. Dios tiene el poder y la autoridad para hacerlo.

- Tome la decisión de perdonar y de pedir perdón a Dios y a las personas que sabe que ha ofendido.

- Haga una lista de personas que le hayan herido o le hayan robado algo.

- Exprese su perdón en forma de confesión.

  Por favor, sea específico con cada palabra y circunstancia con la cual fue herido, y añada si le han quitado algo o hubo alguna situación que lo ha podido sobrecoger.

- Arrepiéntase por el pecado de juicio contra la persona que le hirió y contra Dios.

  Cuando hay falta de perdón y amargura en nuestra vida, juzgamos a las personas y eso se convierte en pecado, abriéndole así una puerta al enemigo.

  Repita esta oración: Padre, en el nombre de Jesús, yo renuncio a toda raíz de amargura en mi vida, y cancelo las consecuencias por haberla guardado en mi corazón. Repita: yo perdono a: _____ por _____. Señor, te entrego todo mi dolor y la herida que fue abierta por esa causa. Renuncio al derecho de vengarme, y por el contrario, bendigo a todos aquellos que me hirieron. Señor, yo renuncio a toda raíz de amargura, ira, odio, rencor, maledicencia, celos y me declaro libre, en el nombre de Jesús. Amén.

  La amargura puede ser algo terrible para su vida. Aprenda a ser un perdonador y confíe en el Señor. Las circunstancias que no puede cambiar, Él las cambiará por usted. Si ha perdido algo, Él se lo devolverá de una manera u otra, pero no deje que una falta lo lleve hasta una raíz de amargura. Dios tiene planes muy lindos para usted. No se detenga, y continúe marchando siempre hacia adelante. Jesucristo está para ayudarlo. ¡Amén!

CAPÍTULO

5

El Rechazo

L as necesidades básicas de una persona se satisfacen por medio del amor, el respeto, la aceptación y la seguridad. La raíz de rechazo provoca que el individuo no pueda recibir ninguna de estas virtudes, ya que se crea en la persona un gran vacío de amor.

El rechazo es el plan maestro del enemigo

El rechazo es usado por el enemigo para destruir gran parte del cuerpo de Cristo. También, nos roba la posibilidad de ser usados por Dios y de recibir sus bendiciones. Toda persona, en alguna etapa de su vida, ha experimentado el rechazo en un nivel u otro.

El rechazo es el menos tratado y diagnosticado.

Casi todas las personas, sin importar país, raza o condición social, han tenido algún problema de rechazo. En muchos casos, la causa principal de los problemas en esas personas es haber pasado por una amarga experiencia. Al ser un problema tan común no se le da la debida importancia que merece, por esta razón, es el menos tratado y diagnosticado.

¿Cuáles son las diferentes etapas del desarrollo del individuo donde se genera el rechazo?

1. Rechazo en la edad prenatal.

Los niños pueden sufrir rechazo cuando aún están en el vientre. Ellos son seres espirituales y pueden percibir todos los problemas emocionales de su madre. Hay mujeres que quedaron embarazadas por diferentes motivos: violaciones, actos de incesto, adulterio, fornicación o sexo no deseado. Cualquiera de estas circunstancias genera en la madre un rechazo al embarazo, y esto repercute directamente en las emociones de ese bebé.

Las circunstancias que rodean a la mujer embarazada y su actitud hacia la criatura traen influencia al útero donde está el niño o la niña. Este rechazo se crea, particularmente, si hay una preferencia de parte de los padres por un determinado género en el bebé (femenino o masculino). Un parto difícil también causa sentimiento de rechazo.

2. Rechazo en la edad de la niñez

La proyección de la seguridad de un niño se va adquiriendo durante los primeros seis años. En estas edades, se van a formar los valores, la seguridad y la identidad. Éstas son las posibles causas de rechazo en la niñez:

- Falta de atención y cuidado de parte de los padres, especialmente de la madre
- Adopciones
- Impedimentos físicos
- Comparación entre hermanos
- Palabras hirientes y crítica constante de parte de sus padres y de su familia
- Abuso físico, sexual y emocional
- Falta de interés (no es escuchado ni protegido)
- Sobreprotección
- Falta de amor, caricias y halagos
- Control y dominio excesivo
- Abandono de los padres
- Sustitución de amor por regalos
- Hogares destruidos, divorcios, entre otros

3. Rechazo en la edad de la adolescencia

A medida que el niño crece, puede experimentar diferentes tipos de rechazo durante la edad de la adolescencia. Algunas causas de rechazo en la edad de la adolescencia pueden ser:

- Exceso de disciplina
- Abuso mental, físico o sexual
- Presión por medio de sobornos para que sea mejor en la escuela
- Avergonzarle delante de la gente
- Pobreza en la familia
- Sobrecarga en los trabajos de la casa
- Padres dominantes
- Presionar más allá de su habilidad y control

4. Rechazo en la edad adulta

- Culpabilidad por un embarazo no deseado
- Un aborto planificado o no planificado
- Inhabilidad para lidiar con el menosprecio
- Vergüenza por un complejo físico
- Desastres financieros
- Ser aislado de la familia o ser enviado a un convento
- La inhabilidad para comunicarse de forma efectiva

5. Rechazo en el matrimonio

- Muerte de uno de los cónyuges
- Divorcio
- Infidelidad por parte de uno de los cónyuges
- Crueldad mental, física o sexual
- Inhabilidad para tener hijos

Cualquier causa de rechazo, va a afectar nuestra relación con Dios, con nuestra familia, con nuestros hermanos (as) y con todas aquellas personas con las cuales nos relacionamos.

Algunas veces, la imagen que percibimos de nuestros padres es la imagen que tenemos de Dios. En muchas ocasiones, no nos sentimos dignos de acercarnos a nuestro Padre porque creemos que Él nos va a rechazar, ya que eso es lo que hemos recibido en nuestro hogar.

Padres rechazados producirán hijos rechazados. Los padres que han sufrido rechazo hereditario antes de casarse, no van a poder dar amor a sus hijos.

Existen tres tipos de rechazo, los cuales tienen diferentes síntomas. Veamos cuáles son:

1. Raíz de rechazo con reacciones agresivas

La persona que se siente rechazada tiende a:

- **Rehusar ser confortada.** No le gusta ser tocada físicamente ni tampoco le gusta dar amor físico.

- **Rechazo de otros.** La gente que se siente rechazada necesita tiempo y espacio para ventilar sus sentimientos, si no tienen ese tiempo, sus actitudes logran que otros los rechacen.

- **Presentar señales de dureza emocional.** Cuando la persona ha sido rechazada, puede ser fría, insensible, introspectiva y egoísta. Además, tiende a usar mucho su arma más poderosa: la lengua.

- **Ser escéptica e incrédula.** Cuando una persona se siente rechazada, pierde su confianza en la familia, los amigos y la gente en general; pierde la fe en los buenos motivos de las personas y sospecha de todo el mundo.

- **Ser testaruda.** Usualmente, esta persona tiende a decir: "éste es el único camino", y nadie la hace cambiar; es una persona de dura cerviz. Tiene la certeza de que lo que hace y piensa es lo correcto, sin tomar en cuenta otra opinión.

- **Mostar actitudes agresivas.** Actúa con ira para defenderse del rechazo.

- **Concebir pensamientos de venganza.** Las personas que son víctimas de rechazo pueden volverse tan resentidas que pueden llegar a planificar vengarse, sintiéndose después culpables.

- **Jurar y usar un lenguaje sucio.** Un sinnúmero de personas que sufren rechazo hablan palabras obscenas y sucias cuando están bajo presión.

- **Argumentar.** Argumentan sin sentido y sin fundamento porque necesitan sentir que están en lo correcto. Cuando pierden, se sienten más rechazados.

- **Comportarse con necedad.** Por ejemplo, una madre que le ordena a su niño que se siente. Como es un niño, obedece y se sienta, pero, en su corazón rebelde se dice a sí mismo: "yo estoy de pie".

- **La rebelión.** Éste es un síntoma muy común en una persona rechazada; le es difícil someterse;

siempre está argumentando y razonando el porqué tiene que obedecer.

2. Síntomas de rechazo a uno mismo

Ésta es la segunda parte del rechazo, y tiene que ver con la persona en su intimidad, con respecto a sí misma, y se refleja en el concepto que tiene esta persona de sí misma.

- **Baja autoestima.** La persona rechazada se considera insignificante y sin ningún valor; se subestima constantemente.

- **Complejo de inferioridad e inseguridad.** Algunas veces, busca seguridad en las personas, en las cosas, en los animales o en el dinero.

- **Se siente inadecuada.** Le da mucho temor emprender proyectos por pequeños que puedan ser, y siempre está pensando que no puede.

- **Tristeza o luto.** Éstas son manifestaciones externas de una persona que tiene un espíritu herido; siempre está triste y deprimida.

- **La auto condenación.** La persona se siente por el piso constantemente, culpándose a sí misma por las cosas malas que ocurren a su alrededor. Tiene un temperamento débil, y por lo tanto, es manipulada y controlada fácilmente.

- **Inhabilidad para comunicarse.** Se le hace muy difícil abrir su corazón a las personas porque no puede comunicar lo que siente. No confía en nadie y cree que si es sincera para decir lo que siente, la van a rechazar.

- **Temores de toda clase.** Le teme a todo, siente temor a fracasar, temor a cumplir con sus responsabilidades y temor a estar sola.

- **Ansiedad, preocupación y depresión.** Es muy común ver estos tres síntomas en una persona con raíz de rechazo, debido a la inseguridad de su corazón. Tiene temor y se preocupa de cosas que todavía no han sucedido.

- **Negatividad, pesimismo y soledad.** Constantemente, la persona rechazada habla de una manera negativa; es pesimista y se siente sola aunque esté con mucha gente a su alrededor.

- **Pérdida de identidad.** Como resultado de la pérdida de identidad, se puede observar que muchas personas están tratando de encontrar su identidad en la profesión, en las pandillas, en el deporte, en la escuela, en la iglesia y en cualquier lugar donde puedan sentirse aceptados.

3. **Síntomas de temor al rechazo**

Las personas que sienten temor a ser rechazadas, se conducen siempre con el mismo patrón.

- **Se esfuerzan mucho por alcanzar éxito y son dadas a la competencia.** Desean llegar a tener éxito en algún área de su vida para demostrarle a los demás su valor y ganar aceptación. Pueden llegar a competir de forma desleal, pues se creen que así van a conseguir respeto y admiración.

- **Son independientes y se aíslan.** El temor al rechazo produce en la persona una tendencia a aislarse de los demás, especialmente, durante la adolescencia y después de un fracaso matrimonial.

- **Padecen del síndrome de egocentrismo.** "Todo para mí". Muchas veces, las personas desarrollan actitudes egocéntricas, tales como: autoindulgencia, autojustificación y autojusticia.

- **Abusan de la actitud de "mis derechos".** Cuando se es rechazado, el ego de la persona demanda ser tratado de forma justa y correcta, de acuerdo a sus prescripciones y normas, pero no de acuerdo a las normas de la justicia.

- **Tienen sentimientos de crítica, juicio, envidia, celo y codicia.** Estas cinco características van siempre juntas, y son parte de la personalidad de un individuo con raíz de rechazo. Por ejemplo, cuando ven a alguien prosperar o ser usado por Dios, o cuando se sienten amenazados de que alguien les quite su puesto, surgen fuertemente estos defectos de su carácter.

- **Son personas propensas a sentir orgullo, egoísmo, altanería y arrogancia.** Tal persona intenta convencer a los demás de que tiene algo de lo cual, verdaderamente, se siente orgulloso. Ellos fuerzan el medidor de la inferioridad y de la baja estima a que aumente a un nivel exagerado, olvidándose de la advertencia que Dios establece por medio de su Palabra.

  «No te jactes del día de mañana; porque no sabe qué dará de sí el día. Alábete el extraño, y no tu propia boca; el ajeno y no los labios tuyos». Proverbios 27.2

- **Son posesivas y manipuladoras.** Desde la edad de la niñez hasta la edad adulta, en el matrimonio y fuera de éste, el mensaje de las víctimas de rechazo es: "eso es mío, déjalo quieto". Las personas que se sienten rechazadas se consuelan y se confortan a sí mismas con "posesiones". Ellas son celosas y manipuladoras de lo que creen que es su derecho.

- **A menudo, demuestran inmadurez emocional.** El rechazo en las edades de la niñez y de la adolescencia retardará la madurez emocional de la persona. Podrá tener 50 años y todavía ser inmadura si permanece con raíz de rechazo en su interior.

- **Perfeccionismo.** Algunas veces, el perfeccionismo es un problema hereditario y otras veces comienza cuando la persona es rechazada. La persona perfeccionista se dice así misma: "yo haré mi mayor esfuerzo para hacer lo que se espera de mí, para agradar a la gente, y eso hará que yo les caiga bien y me acepten".

- **Patrones interrumpidos para dormir.** A menudo, el sueño se interrumpe abruptamente, y puede incluso padecer de insomnio.

Algunos escapes falsos para cubrir el rechazo:

- **Alcohol.** Algunas personas comienzan a beber alcohol en momentos de estrés, ya que no tienen otra manera de escapar ante las presiones de la vida.

- **La gratificación sexual.** Tanto los hombres como las mujeres, pueden comenzar a estimularse sexualmente y unas de las maneras son: la masturbación, la pornografía y muchos otros actos de lujuria. El uso de la gratificación sexual de cualquier tipo nunca cancela la raíz de rechazo.

- **La comida.** Algunos hombres y mujeres se vuelven comedores compulsivos, y esto lo hacen para contrarrestar los efectos que produce la raíz de rechazo en sus emociones. Cuando la persona come demasiado, el rechazo se vuelve peor porque engorda, generando así un nuevo mal: la baja autoestima, y además, da lugar a un espíritu de gula.

• **Las drogas.** La gente con raíz de rechazo busca drogas para calmar el dolor del rechazo y, como resultado, espíritus de adicción vienen a su vida.

• **El síndrome de "la popularidad a cualquier precio".** Tristemente, hemos orado por muchas personas que estaban tan desesperadas por recibir aceptación y afecto, que han llegado a someter su cuerpo a todo tipo de inmoralidad sexual. Ellas distorsionaron tanto el sentido de su valor, que hicieron ciertas cosas llamadas "especialidades", aun sin quererlas hacer.

El rechazo genera tres tipo de rechazo, que son: raíz de rechazo, rechazo a uno mismo y temor al rechazo, los cuales presentan diferentes síntomas. Para poder entenderlo mejor, veamos el siguiente esquema:

El árbol del rechazo y sus raíces:

Síntomas de raíz de rechazo	Síntomas de rechazo a uno mismo	Síntomas del temor al rechazo
Reacciones agresivas	Baja autoestima	Competencia
Rehusar ser consolado	Inferioridades	Esforzarse para buscar éxito
Rechazo de otros	Inseguridades	Independencia
Dureza emocional	Tristeza, luto	Aislamiento
Duda, incredulidad	Auto condenación	Egocentrismo
Actitudes agresivas	Auto acusación	Egoísmo, autojustificación
Lenguaje sucio, jurar	Inhabilidad para comunicarse	Idolatría a sí mismo
Pensamientos de venganza	Temor al fracaso	Crítica, juicio, celo, envidia, codicia, autocompasión, orgullo, egoísmo, altanería, arrogancia, manipulación, control, madurez emocional
Argumentar Necedad	Temor a la opinión de otros	
Rebelión Pelea	Ansiedad, Preocupación	Perfeccionismo
	Depresión, Negatividad	
	Pesimismo Soledad Desesperación	

El fruto y la raíz del sistema de rechazo

El fruto va a variar de acuerdo al nivel de rechazo.

Nota 1: Tomada del libro: *Evicting Demonic Intruders* por Noel y Phyl Gibson (Ventura, C.A. Renew Books 1998)

¿Cómo ser libre del rechazo?

Lo primero que tiene que entender una persona que ha sido rechazada, es que Jesucristo fue rechazado para que fuéramos aceptados en Él. Jesús experimentó el rechazo, la soledad, los dolores, la angustia y las traiciones; su mismo pueblo lo rechazó. Él soportó todo esto para que recibiéramos liberación del rechazo.

«¿Quién ha creído a nuestro anuncio? ¿y sobre quién se ha manifestado el brazo de Jehová? Subirá cual renuevo delante de Él, y como raíz de tierra seca; no hay parecer en Él, ni hermosura; le veremos mas sin atractivo para que le deseemos. Despreciado y desechado entre los hombres, varón de dolores, experimentado en quebranto; y como que escondimos de Él el rostro, fue menospreciado, y no lo estimamos. Ciertamente llevó Él nuestras enfermedades, y sufrió nuestros dolores; y nosotros le tuvimos por azotado, por herido de Dios y abatido». Isaías 53.1-4

«A los suyos vino, y los suyos no le recibieron». Juan 1.11

Toda persona debe entender que hay un demonio para cada pecado y obra de la carne. El libro de Gálatas dice que el celo es una obra de la carne, sin embargo, el enemigo envía un espíritu de celo a las personas. La lujuria es una obra de la carne, pero también hay un espíritu de lujuria sexual.

¿Qué sucede con las personas que se sienten rechazadas?

Por mucho tiempo, han practicado la rebelión, el perfeccionismo, la manipulación y el control. Se han aislado, han vivido en orgullo, en crítica y en juicio. Cuando una persona comete un acto deliberado, esto se convierte en un estilo de vida, hábito o parte de su conducta. Todo esto, sin duda alguna, da lugar a que se abra una puerta para que los espíritus demoníacos puedan influenciar y oprimir a las personas con tales condiciones.

Los demonios trabajan siempre en grupos y el demonio de rechazo es uno que abre la puerta de la entrada de la vida de una persona y atrae con él otros diferentes espíritus que vienen a influenciar esa vida. Por ejemplo: espíritu de celo, envidia, lascivia, lujuria, rebelión, orgullo, temor, luto, abandono, tristeza e ira.

Esto no significa que una persona tiene todas estas influencias, pues esto varía dependiendo del nivel de rechazo al que haya sido expuesto en su vida.

Renunciando al rechazo

Una persona que está oprimida o influenciada y desea con todo su corazón ser libre, debe:

- Estar segura de que no tiene falta de perdón contra alguien.

- Estar consciente de que no tiene falta de arrepentimiento en su vida.

- Dejar de vivir en pecado.

Pasos para ser libres del rechazo:

1. Perdone y renuncie a toda falta de perdón contra todas las personas que le han rechazado en cualquier etapa de su vida.

2. Renuncie, verbalmente, a todo espíritu de rechazo: rechazo a sí mismo y temor al rechazo. Renuncie a toda maldición generacional hereditaria de rechazo que viene a través de la línea sanguínea de sus padres y antepasados, y ordene a todo espíritu detrás de esa maldición que se vaya en el nombre de Jesús.

3. Renuncie a todos los espíritus afines al espíritu de rechazo, los cuales son: el espíritu de temor, de celos, envidia, lujuria, masturbación, orgullo, luto, abandono, tristeza, entre otros.

4. Pídale al Señor que llene esos vacíos que quedaron en su vida con la Palabra y el Espíritu Santo.

5. Medite en la Escritura todos los versos que hablen acerca de que usted es aceptado en Cristo.

Como mencioné al principio, el rechazo es el plan maestro del enemigo para destruir al pueblo de Dios, pero donde entra el conocimiento acerca de esto, el enemigo no puede reinar ni controlar.

Los niveles de rechazo varían entre una persona y otra, pero no importa que tan rechazado usted haya sido, Jesús vino para deshacer las obras del diablo. Reciba por fe lo que Jesús hizo por usted y sea libre del rechazo. ¡Amén!

El Sentido de Culpabilidad

L a culpabilidad es uno de los grandes problemas de la sociedad de hoy, y es el producto de la abundancia de pecado en el mundo. La culpabilidad también es un problema en la iglesia de Cristo, ya que muchos creyentes todavía se sienten culpables por algunos pecados pasados. No se han perdonado a sí mismos y tampoco han creído la obra de Jesús en la cruz del Calvario.

¿Qué es la culpabilidad?

La **palabra** culpabilidad proviene del griego *"hupodikos"*, y significa uno que está bajo juicio y sufriendo consecuencias o castigos por sus malas acciones. Es un sentir de estar en mala relación con Dios. Cuando se viola la conciencia, se produce culpabilidad, y la culpabilidad produce ansiedad. Todo esto está asociado con el temor a ser castigado por las malas acciones. Cuando negamos los sentimientos de culpabilidad por medio de la racionalización y tratamos de esconderlos, la culpabilidad es transferida del consciente al subconsciente y como consecuencia surgen ataques de pánico.

La diferencia entre condenación y convicción

La **condenación** tiene lugar cuando el enemigo trae culpabilidad. Esto es cuando habla a nuestra mente produciendo un estado de condenación por algo que se ha hecho en el pasado y que puede venir incluso, después de haberle pedido perdón al Señor por esta falta.

Convicción es, un sentimiento de culpabilidad que viene a la conciencia y es traído por el Espíritu Santo. Generalmente, por un pecado que se ha cometido en el presente. El Espíritu Santo le convence si ha hecho algo que ha ofendido a Dios, pero una vez que se arrepiente, Dios no vuelve a traer esa convicción. La condenación viene desde afuera de la mente y es producida por el enemigo. La convicción viene desde adentro y es producida por el Espíritu Santo.

«Y cuando Él venga, convencerá al mundo de pecado, de justicia y de juicio». Juan 16.8

La culpabilidad es el producto de dos situaciones:

* El no perdonarnos a nosotros mismos.
* El no apropiarnos de la obra redentora de Jesús.

Hay personas que han vivido tanto en culpabilidad, que cuando se les habla de ser libres, ven la libertad como una amenaza, porque el sentido de culpabilidad se ha hecho parte de su vida, y piensan que no merecen el perdón.

¿Cuáles son las características de una persona con un sentido de culpabilidad?

1. **Se castiga a sí misma.** Cuando este tipo de persona comete una falta, primero espera sufrir lo suficiente para después pedir perdón. Hay personas que dicen: "tengo que sufrir esto porque me lo merezco". Cuando se obra así, se está insultando y negando el sacrificio de Jesús en la cruz del Calvario. No tenemos que sufrir más para ser perdonados o aceptados.

2. **Se siente indigna.** La persona que sufre de culpabilidad se siente inferior a la calidad o merito de alguien, desarrolla un sentido de indignidad. Al sentirse culpable, el enemigo envía estos pensamientos tales como: "¿Por qué Dios debe responder a mis oraciones?" "¿Seré yo merecedor del perdón de Dios, con todas las cosas que he hecho?" "¿Puede Dios usarme?" Aunque somos indignos, Cristo nos hizo dignos por su gracia. Tenemos que acercarnos al trono de Dios confiadamente y saber que por la gracia de Dios tenemos un derecho legal de estar allí.

«Para que andéis como es digno del Señor, agradándole en todo, llevando fruto en toda buena obra, y creciendo en el conocimiento de Dios». Colosenses 1.10

«Así que, hermanos, teniendo libertad para entrar en el lugar Santísimo por la sangre de Jesucristo, por el camino nuevo y vivo que Él nos abrió a través del velo, esto es, de su carne». Hebreos 10.19-21

3. **Desarrolla comportamientos compulsivos.** La persona que se siente culpable intenta superar su culpabilidad por medio de comportamientos compulsivos.

   Algunos comportamientos compulsivos pueden ser:

   - Las drogas
   - El alcohol
   - Las aventuras sexuales
   - El materialismo
   - El exceso de trabajo
   - El ejercicio
   - La comida
   - Las compras

   Trata de llenar con lo que sea el vacío que hay en su alma. Este tipo de persona trata de distraerse en algo que no le recuerde su culpa. Abandonarse a comportamientos compulsivos es como decir: "Dios, yo quiero darte gracias por la muerte de Cristo, pero no fue suficiente". Siempre está tratando de hacer esfuerzos humanos para alcanzar el perdón de sí mismo.

4. **Desarrolla una falsa humildad.** Muchos piensan que mientras más pobres son, más Dios les ama. Llegan a pensar que no son merecedores de nada y se privan de cosas. Generalmente, dicen frases tales como: "yo no me merezco eso, porque soy muy malo". A este tipo de persona, se le hace difícil recibir cosas de otros.

¿Por qué no nos podemos perdonar a nosotros mismos?

La culpabilidad es el resultado de no perdonarnos a nosotros mismos. Algunas razones por las cuales se nos hace difícil perdonarnos son:

Por creer en el perdón basado en las obras. El perdón de Dios no está basado en lo que hagamos, sino en la obra redentora de Jesucristo en la cruz del Calvario. Recibimos ese perdón por su gracia.

Por un espíritu de incredulidad. No estamos ejercitando fe en Dios si no nos perdonamos a nosotros mismos. La incredulidad es un gran obstáculo para recibir ese perdón. Muchas personas quieren sentir algo especial al recibir el perdón, pero éste debe recibirse por fe.

Por amoldarse y rendirse al sentido de culpa. Emocionalmente, se puede vivir por mucho tiempo bajo culpabilidad y autocondenación, creyendo que el ser libre no puede ser una realidad. Muchos hacen lo que saben que está bien, pero no pueden evitar sentirse culpables por todo y en ese momento, se le abre las puertas al espíritu de condenación.

Por esperar repetir el pecado. Sabemos que Dios puede perdonarnos, pero la razón por la que muchos no se perdonan a sí mismos es porque creen que van a volver a repetir el mismo pecado. Cristo no murió solamente por los pecados de ayer y de hoy, sino también, por los pecados del mañana.

¿Cuáles son las consecuencias de la culpabilidad?

1. **La culpabilidad drena su energía y le lleva a enfermarse física y mentalmente.**

2. **La culpabilidad bloquea su relación con Dios.**

A una persona que se siente culpable, se le hace difícil tener una relación intensa con Dios y con los demás. ¿Habrá algún pecado que hayamos cometido que Dios no pueda perdonar? La blasfemia contra el Espíritu Santo es el único pecado que Dios no perdona. Todos los demás, la sangre de Cristo los perdona y los limpia.

Veamos algunos ejemplos bíblicos de personas que pecaron y Dios las perdonó: Pedro, cuando negó a Jesús, y Pablo, que en un principio fue perseguidor de la iglesia.

«Porque no tenemos un sumo sacerdote que no pueda compadecerse de nuestras debilidades, sino uno que fue tentado en todo según nuestra semejanza, pero sin pecado». Hebreos 4.15, 16

«Hijitos míos, no amemos de palabra ni de lengua, sino de hecho y en verdad. Y en esto conocemos que somos de la verdad, y aseguraremos nuestros corazones delante de Él; Pues si nuestro corazón nos reprende, mayor que nuestro corazón es Dios y Él sabe todas las cosas. Amados, si nuestro corazón no nos reprende, confianza tenemos en Dios. 1 Juan 3.18-21

¿Cómo ser libre de la culpabilidad?

- Arrepintiéndose del pecado de incredulidad.

- Renunciando a todo espíritu de culpabilidad y a la razón de esa culpa.

- Confesando su libertad y decidiendo recibirla por fe.

¿Qué hacer si el enemigo viene a acusarle y a recordarle su pasado?

- Confiese la Escritura.

    «El que no escatimó ni a su propio Hijo, sino que lo entregó por todos nosotros, ¿cómo no nos dará también con Él todas las cosas? ¿Quién acusará a los escogidos de Dios? Dios es el que justifica. ¿Quién es el que condenará? Cristo es el que murió; más aún, el que también resucitó, el que además está a la diestra de Dios, el que también intercede por nosotros». Romanos 8.32-37

- Camine en el Espíritu.

    «Ahora, pues, ninguna condenación hay para los que están en Cristo Jesús, los que no andan conforme a la carne, sino conforme al Espíritu». Romanos 8.1

    «Si vivimos por el Espíritu, andemos también por el Espíritu». Gálatas 5.25

La conclusión a todo esto es que, si ha nacido de nuevo, tiene que apropiarse de la obra redentora de Jesucristo. Primero, recibiendo el perdón de Dios en su vida, y segundo, perdonándose a usted mismo. Recuerde que todo esto hay que aceptarlo por fe.

¿Cómo podemos permanecer libres de heridas emocionales?

Hay muchos creyentes a quienes el Señor ha hecho libres de heridas, traumas, raíces de amargura, falta de perdón, rechazo, culpabilidad; y sí, permanecen libres por un tiempo, pero cuando los ofenden de nuevo, vuelven a lo mismo. Necesitamos aprender a mantener nuestra libertad en Dios. Jesús dijo que eran necesarias las ofensas o los tropiezos *(Mateo 18.1-7)*. Siempre seremos ofendidos, heridos y lastimados, pero **debemos** aprender a vivir libres de ello.

Después de que somos libres, debemos llenar los vacíos que quedan en nuestro corazón.

Los vacíos debemos llenarlos con:

* El fruto del Espíritu
* La palabra de Dios

Si la persona no llena esos vacíos, fácilmente cae otra vez en lo mismo.

Recuerde que el vivir en el Espíritu implica sacrificio, entrega y disciplina. Necesitamos la autodisciplina. Si Dios lo ha liberado y sanado interiormente, llénese de la palabra de Dios, medite en ella y vívala, desarrollando así el fruto del Espíritu en su corazón.

Tengamos en cuenta que la sanidad no sustituye la crucifixión de la carne. El Señor nos habló de negar nuestro ego todos los días. Seremos ofendidos y heridos, pero aún así el perdón tiene que ser un estilo de vida para nosotros, si queremos permanecer libres.

Seis pasos para mantenerse libre de heridas:

1. **Perdonar debe ser un estilo de vida.** Todo cristiano tiene que desarrollar una actitud de perdón permanente y genuina en su corazón.

   «Entonces se le acercó Pedro y le dijo: —Señor, ¿cuántas veces perdonaré a mi hermano que peque contra mí? ¿Hasta siete? Jesús le dijo: —No te digo hasta siete, sino aun hasta setenta veces siete». Mateo 18.21, 22

2. **Renunciar a la ofensa inmediatamente después de ser ofendidos.**

   «Airaos, pero no pequéis; no se ponga el sol sobre vuestro enojo...» Efesios 4.26

   «Por tanto, si traes tu ofrenda al altar y allí te acuerdas de que tu hermano tiene algo contra ti, deja allí tu ofrenda delante del altar y ve, reconcíliate primero con tu hermano, y entonces vuelve y presenta tu ofrenda». Mateo 5.23, 24

«Aunque el ánimo del príncipe se exalte contra ti, no pierdas la calma, porque la mansedumbre hace cesar grandes ofensas». Eclesiastés 10.4

¿Por qué tenemos que hacerlo inmediatamente?

- Porque, de lo contrario, el enemigo ganará terreno sobre nosotros, pues le estamos dando derecho legal, y ese derecho legal puede traer, como consecuencia, enfermedades, pobreza, ataduras y mucho más.

- Porque la herida puede hacerse mayor. Una ofensa nos lleva a un resentimiento, a una falta de perdón, a una raíz de amargura y finalmente, al odio.

Ofensa ▶ Resentimiento ▶ Falta de perdón ▶ Raíces de amargura ▶ Odio

3. **Arrepentirse.** Al igual que el perdón, el arrepentimiento tiene que ser un estilo de vida.

¿Qué es arrepentimiento?

El arrepentimiento es sentir un profundo dolor por haber ofendido a Dios primero y también a otras personas. Es estar deseoso de morir y dejar atrás lo que hemos sido; es permitirle a Dios que nos cambie para ser lo que Él quiere que seamos a partir de este momento. No es derramar muchas lágrimas ni tener remordimiento por haber ofendido a Dios. Tampoco es tratar de cambiar para evitar las consecuencias. Es un dolor genuino por haber causado una ofensa a Dios o a otro ser humano.

La palabra del Señor habla que el temor a Jehová es aborrecer el mal *(Proverbios 8.13)*. Cuando usted empieza a amar y a temer a Dios, simultáneamente, usted comienza a odiar el mal.

En las iglesias de hoy, hay muchos creyentes que no sienten el suficiente odio por el mal. Cuando se teme a Dios, no se puede soportar el mal ni la hipocresía. La palabra de Dios no habla de estar en desacuerdo o de tener remordimientos por lo que se ha hecho, sino de aborrecer con todo el corazón el pecado. A muchas personas les gusta el vicio y el pecado, y lo siguen practicando; y esto es debido a que no han llegado a aborrecerlo suficientemente como para permitirle a Dios que las haga libres.

4. **Confesar las faltas.** En el griego, la palabra **confesar** es *"exomologeo"*, que significa exteriorizar. Es decir, exteriorizar los dolores del alma a través de nuestra confesión. No caiga en la trampa del enemigo de guardar todas las ofensas y las heridas, porque se van acumulando hasta causar una explosión empeorando toda situación. ¿Cuándo es que una persona se deshace de su pecado o de su falta? ...cuando lo confiesa.

«Si confesamos nuestros pecados, él es fiel y justo para perdonar nuestros pecados y limpiarnos de toda maldad». 1 Juan 1.9

5. **La humildad es el reconocimiento de nuestra condición ante Dios.** Humildad es la ausencia completa de orgullo, la sumisión voluntaria. Necesitamos humildad para perdonar a aquellos que nos han herido. También, necesitamos humildad para ir a pedir perdón a aquellos que hemos ofendido. Una de las características de nosotros los cristianos es que muy rara vez pedimos perdón. **No espere que la otra persona tome la iniciativa para pedir perdón.**

6. **Conozca su verdadera identidad.** Hay preguntas que tenemos que hacernos a nosotros mismos. "¿Quién soy?" "¿Qué veo cuando me miro al espejo?" Como el hombre piensa de sí mismo en su corazón, así es. Meditemos en estos versos bíblicos: *"somos hechura suya"; "Dios me formó con un propósito".*

Si queremos saber quiénes somos, mirémonos en el espejo de la Palabra. Hay muchas personas afuera diciendo quién es usted, pero en realidad, ellos no lo saben. No permita que la opinión de otros influya en sus decisiones ni en su autoestima.

«Al llegar Jesús a la región de Cesarea de Filipo, preguntó a sus discípulos, diciendo: ¿Quién dicen los hombres que es el Hijo del hombre?» Mateo 16.13

«...pues somos hechura suya, creados en Cristo Jesús para buenas obras, las cuales Dios preparó de antemano para que anduviéramos en ellas».Efesios 2.10

«Mi embrión vieron tus ojos, y en tu libro estaban escritas todas aquellas cosas que fueron luego formadas, sin faltar ni una de ellas». Salmos 139.16

«Si alguno es oidor de la palabra, pero no hacedor de ella, ése es semejante al hombre que considera en un espejo su rostro natural. Porque él se considera a sí mismo, y se va, y luego olvida cómo era». Santiago 1.23, 24

¿Cómo encontrar su identidad?

* Mirándose en el espejo de la Palabra.

* Preguntándole al Espíritu Santo.

Esto le dará la seguridad acerca de quién es usted y hacia dónde va; y le traerá la certeza de que es una persona amada y querida. Usted no es un aborto de la sociedad. Somos pueblo santo con propósito, a quien Dios dio aliento de vida para que se lleve a cabo el propósito de Él en nosotros y en este mundo.

Asegúrese de creer y afianzarse en las promesas divinas de liberación y de sanidad en todas las áreas de su vida.

Recuerde que esto es pan para los hijos que viven bajo la bendición del pacto de Dios. ¡Amén!

৵৵৵ 7 ৵৵৵

Las Cuatro Leyes Espirituales

H ay muchos creyentes, que después de que se les ministró sanidad interior, todavía siguen sintiendo que sus problemas no se han resuelto. Y una de las razones suele ser, que han violado las cuatro leyes espirituales, y de alguna manera, todos somos producto de ellas, según las respetemos o no.

«Hijos, obedeced en el Señor a vuestros padres, porque esto es justo». Efesios 6.1

«No os engañéis; Dios no puede ser burlado, pues todo lo que el hombre siembre, eso también segará». Gálatas 6.7

«No juzguéis, para que no seáis juzgados, porque con el juicio con que juzgáis seréis juzgados, y con la medida con que medís se os medirá». Mateo 7.1, 2

«Por eso eres inexcusable, hombre, tú que juzgas, quienquiera que seas, porque al juzgar a otro, te condenas a ti mismo, pues tú que juzgas haces lo mismo». Romanos 2.1

Las cuatro grandes leyes bíblicas:

1. Honrar a padre y madre.
2. No juzgar para no ser juzgado.
3. Todo lo que el hombre siembra, eso segará.

4. Cuando juzgamos a otros, venimos a ser y hacer lo mismo.

Cada una de estas leyes espirituales es un principio de la palabra de Dios, y cuando son violadas, se recoge el fruto de ello.

Una **ley** siempre funciona y cualquiera que la aplique para bien o para mal, cosechará tarde o temprano el fruto de sus decisiones. Cada una de estas leyes amerita una explicación detallada, la cual veremos a continuación.

1. Honrar a padre y madre

¿Qué significa honrar? Honrar significa: obedecer, valorar, estimar, respetar, amar, perdonar, y además, ayudar financieramente. Hay muchos padres que no se han conducido correctamente, pero eso no excluye a los hijos de la responsabilidad, como hijos de Dios, de amarlos y honrarlos.

«Honra a tu padre y a tu madre, como Jehová, tu Dios, te ha mandado, para que sean prolongados tus días y para que te vaya bien sobre la tierra que Jehová, tu Dios, te da». Deuteronomio 5.16

Hay hijos que maldicen y maltratan a sus padres, tanto en forma verbal, como física. Algunos se atreven a levantar el puño en contra de ellos. De seguro, cada uno de estos hijos cosechará la deshonra que le da a sus padres. Cada persona tiene que entender que no puede vivir deshonrando sin sufrir las consecuencias que esto conlleva.

¿Cómo podemos honrar a nuestros padres?

- **Emocionalmente.** Mostrando amor hacia ellos en momentos difíciles y compartiendo tiempo con ellos. Algunas veces, los padres están pasando por un tiempo de prueba y soledad; es un deber de los hijos apoyarlos emocionalmente en esos momentos difíciles.

- **Verbalmente.** Muchas veces, los padres están equivocados en su manera de pensar, pero eso no le da derecho a los hijos de faltarles al respeto verbalmente. Ellos son una autoridad sobre los hijos, y éstos deben obedecerles respetarlos.

  «Hijos, obedeced en el Señor a vuestros padres, porque esto es justo». Efesios 6.1

- **Financieramente.** Cuando los padres llegan a un momento en que no pueden valerse por sí solos, los hijos deben asumir una responsabilidad financiera con ellos y cubrir sus necesidades; esto le agrada al Señor.

  «Honra a tu padre y a tu madre» — que es el primer mandamiento con promesa — ». Efesios 6.2

¿Cuáles serán los dos beneficios de cumplir esta primera ley?

Le irá bien y tendrá larga vida sobre la tierra. Si no le va bien en la vida, pregúntese si verdaderamente ha honrado a sus padres. Según lo que su conciencia le diga, pida perdón, respételos y comience a honrarlos y a darles su valor.

2. **No juzgar para no ser juzgado.**

La palabra **juzgar** significa hacer juicio; es sentenciar y condenar. También, es ponerse en posición de juez para decidir la culpabilidad o inocencia de otra persona.

«No juzguéis, y no seréis juzgados; no condenéis, y no seréis condenados; perdonad, y seréis perdonados». Lucas 6.37

«No juzguéis, para que no seáis juzgados. Porque con el juicio con que juzgáis, seréis juzgados, y con la medida con que medís, os será medido». Mateo 7.1, 2

Habrá un juicio santo y correcto que los creyentes tendrán. La Biblia nos dice en Apocalipsis:

«Vi tronos, y se sentaron sobre ellos los que recibieron facultad de juzgar». Apocalipsis 20.4

Cuando juzgamos, corremos dos riesgos que pueden acarrear malos resultados para nuestras vidas y nuestro testimonio. Estos riesgos son:

Juzgar incorrectamente. Muchas personas se adelantan a juzgar la apariencia de otros sin conocer realmente lo que está en su corazón. El juicio que ilustra la palabra en la cita bíblica de *Mateo 7.1-2*, es un juicio que va acompañado de envidia y celos. La persona que tiene falta de perdón en su vida, tiene que arrepentirse y pedir perdón no sólo por la ofensa, sino por el juicio que ha hecho de la persona.

Algunas de las personas o grupos que a veces juzgamos son: organizaciones, naciones, razas, líderes, políticos, jefes, cónyuges, pastores y otros.

Crear raíces de amargura y juicio. Éstas son otras de las consecuencias que puede traer a nuestras vidas, el juzgar. Hay personas que siempre están a la expectativa, pendientes de que algo malo les suceda. Por ejemplo, personas que están esperando ser rechazadas, traicionadas, heridas o criticadas. Estas personas, juzgan las cosas que aún no han sucedido y a las personas que ellas creen que las van a herir; alimentando, de esta manera, la raíz de amargura que las carcome por dentro y trayendo juicio sobre sí mismas. Cuando finalmente esto pasa, dicen: "Yo sabía que esto iba a suceder". Les sucedió lo que esperaban, y esto se les convierte en juicio.

¿Cómo las personas evaden su responsabilidad cuando juzgan?

- **Justificando su juicio.** Piensan que lo que están haciendo es lo correcto, pero esto no es razón suficiente para juzgar.

  Un buen ejemplo es, el de un pastor que había sido libre del hábito de fumar y, tres años después, se encuentra juzgando a otra persona por hacer lo mismo. Si bien, fumar no es correcto, eso no le autorizaba a él a condenar a su hermano, y mucho menos, cuando él mismo había cometido la misma falta años atrás; al contrario, debería sentir mayor compasión y deseos de ayudarlo a encontrar la libertad de esa atadura.

- **Con comentarios o "críticas constructivas".** Comentarios como: "esa persona no debería estar arriba cantando porque es mundana". Sigue siendo juicio, aunque su justificación, sea el interés que usted tiene por la santidad en el servicio al Señor.

- **Usando una excusa antes de un comentario.** Frases, tales como: "Yo nunca he hablado nada de nadie, pero…" "Yo nunca he juzgado a nadie y no es que esté juzgando, pero…". Muchas veces, simplemente quieren aliviar la conciencia antes de emitir el juicio.

3. Cuando juzgamos a otros venimos a ser o a hacer lo mismo que juzgamos.

Para entender esto mejor, vamos a ver la historia de Jaime que es una buena ilustración:

Jaime, era un hombre casado que tenía una buena relación con su esposa; y era de apariencia seria y responsable; pero por las noches, frecuentaba bares donde consumía alcohol y conocía mujeres con las cuales cometía adulterio. Jaime realmente, no quería hacer esto, y se sentía mal porque amaba a su esposa, y ella confiaba en él. Él se repetía a sí mismo: "No me entiendo, no quiero hacer esto, pero no puedo parar". Lo que Jaime no recordaba, era que en el pasado, él mismo había juzgado diariamente a su padre por el mismo comportamiento. Su padre había sido alcohólico y mujeriego; este juicio había atraído sobre él el mismo espíritu que había dominado a su padre.

Jaime, al juzgar a su padre, lo estaba deshonrando, pero, con el correr del tiempo, le siguió los pasos. Vemos cómo con la misma medida que midió, fue medido; lo que él tanto había criticado en su padre, le sucedió a él mismo. Gracias a Dios, se oró por Jaime, él se arrepintió y fue libre. Amén.

«Por lo cual eres inexcusable, oh hombre, quienquiera que seas tú que juzgas; pues en lo que juzgas a otro, te condenas a ti mismo; porque tú que juzgas haces lo mismo». Romanos 2.1

¿Cómo dejar de juzgar?

- Arrepintiéndose del pecado de juicio. Sea específico.

- Confesando su pecado.

- Rompiendo el juicio que hizo contra otra persona.

- Bendiciendo a las personas que juzgó.

Cuando se juzga a una persona, se crea una pared invisible.

Pregúntese si hay cosas en su vida que no están funcionando bien. Tal vez sea porque en esa área ha juzgado a alguien y está cosechando el fruto de su juicio.

4. **Todo lo que el hombre sembrare, eso segará.**

Lo que esta ley significa, en realidad es el equivalente al dicho del mundo que dice: "No hagas a otro lo que no quieres que te hagan a ti", y yo le agrego: "haz a otros lo que quisieras para ti o para los tuyos".

«Así que, todas las cosas que queráis que los hombres hagan con vosotros, así también haced vosotros con ellos; porque esto es la ley y los profetas». Mateo 7.12

Sembrar es hacer o dar a otro algo, ya sea un bien, una buena dádiva o también un mal. Segar o cosechar es recoger o recibir.

De la misma manera, en el mundo espiritual, se crea un ciclo donde siembras un bien y siegas, recoges bien, o por el contrario, siembras mal y recibes mal. Como todas las otras leyes, ésta tampoco falla. Lo que hoy vivimos, es el resultado directo de lo que hemos sembrado en otros en el curso de nuestra vida.

Es importante revisar qué hemos hecho, qué hemos dado, con cuánto amor hemos tratado a los que nos rodean, conocidos o no. Si en su corazón siente que en esa área de su vida puede o debe cambiar, ¡hágalo! Su futuro y el de sus seres queridos cambiará porque también ellos cosecharán el bien que haga a otros.

¿Qué sembraremos? Amor, dinero, tiempo. Lo que sembremos, ya sea para el espíritu o para la carne, eso recogeremos.

«No os engañéis: Dios no puede ser burlado: pues todo lo que el hombre sembrare, eso también segará. Porque el que siembra para su carne, de la carne segará corrupción; mas el que siembra para el espíritu, del Espíritu segará vida eterna. No nos cansemos, pues, de hacer bien; que a su tiempo segaremos, si no hubiéramos desmayado. Así que, entre tanto que tenemos tiempo, hagamos bien a todos, y mayormente a nuestros hermanos en la fe». Gálata 6.7-10

Muchas veces, cosechamos en el mismo momento en que sembramos, y en otras ocasiones, se toma tiempo, a veces meses y aun años; pero, eventualmente, la cosecha vendrá. A no ser, claro está, que no haya arrepentimiento en su vida.

CAPÍTULO

ৎৎৎ *8* ৯৯৯

La Liberación es el Pan de los Hijos

Una mujer cananea vino desesperada a pedir liberación para su hija que estaba siendo atormentada por un demonio. Como era filistea, es decir gentil, no estaba incluida en el pacto de Dios dado a los hijos de Israel.

Ella le salió al encuentro a Jesús como si fuese israelita y usó palabras y términos de pacto que a ella no le pertenecían, hablándole de esta manera: "Señor, hijo de David, ten misericordia de mí". Pero Jesús no le respondió palabra alguna. Los discípulos le pedían con insistencia que la despidiera, mas Jesús con mucha calma dijo dos cosas importantes: *"No soy enviado sino a las ovejas perdidas de la casa de Israel".* Él se estaba refiriendo al pueblo de Israel, que era el único que tenía pacto con Dios. Sólo los israelitas poseían los derechos legales junto con las bendiciones del pacto, tales como: salud, liberación, salvación, protección y provisión.

Lo segundo que Jesús dijo fue: *"No está bien tomar el pan de los hijos y echarlo a los perrillos".* ¿A qué se estaba refiriendo Jesús? A que los únicos que tenían derecho a las bendiciones del pacto eran los hijos. ¿Qué es lo que buscaba esta mujer para su hija? Liberación. Esta mujer no gozaba de las bendiciones porque no era israelita. Los gentiles eran considerados "perros" en aquel tiempo. En otras palabras, Jesús sabía que los hijos de Abraham se sentaban a la mesa a comer de las bendiciones de Dios, mientras que a los gentiles no les era permitido acercarse.

«Saliendo Jesús de allí, se fue a la región de Tiro y de Sidón. Entonces una mujer cananea que había salido de aquella región comenzó a gritar y a decirle: —¡Señor, Hijo de David, ten misericordia de mí! Mi hija es gravemente atormentada por un demonio. Pero Jesús no le respondió palabra. Entonces, acercándose sus discípulos, le rogaron diciendo: —Despídela, pues viene gritando detrás de nosotros. Él, respondiendo, dijo: —No soy enviado sino a las ovejas perdidas de la casa de Israel. Entonces ella vino y se postró ante él, diciendo: —¡Señor, socórreme! Respondiendo él, dijo: —No está bien tomar el pan de los hijos y echarlo a los perros. Ella dijo: —Sí, Señor; pero aun los perros comen de las migajas que caen de la mesa de sus amos. Entonces, respondiendo Jesús, dijo: —¡Mujer, grande es tu fe! Hágase contigo como quieres. Y su hija fue sanada desde aquella hora». Mateo 15.21-28

La mujer reconoce el privilegio y la prioridad de Israel, pero aún así, apela a la misericordia incondicional de Jesús para sanar a su hija poseída. Jesús le dijo: "no está bien tomar el pan de los hijos y echarlo a los perrillos". Esto quiere decir que **la liberación primero es para los hijos** y después para los de afuera (no creyentes).

En el plan de Dios, el evangelio debía ser presentado, primeramente, al pueblo del antiguo pacto, debido al llamado que éste había recibido. Agrupar a Israel debía preceder a preparar la reunión de los gentiles. La mujer arrebata las bendiciones de la futura Iglesia por fe. Y desde ese mismo instante, su hija queda totalmente sana.

Un tiempo después, Jesucristo pagó en la cruz del Calvario todo lo que no estaba incluido en ese pacto. Pagó para darnos todo lo que el hombre necesita. Él usó esta expresión: **"consumado es"**, que significa: "acabada está la obra". Ahora, todo aquel que en Él crea, puede gozar de salvación, liberación, perdón de pecados, provisión divina, protección y vida eterna.

La liberación nos pertenece a nosotros los hijos de Dios que hemos nacido de nuevo. Él pagó por todos nuestros pecados, rebeliones, maldiciones generacionales, rechazo y más. De todo esto, surge una pregunta: ¿por qué los creyentes necesitan liberación si Jesucristo nos redimió de todo?

Recuerde, el Espíritu de Dios vino a morar en nosotros, pero todavía en nuestra alma y en nuestro cuerpo hay influencias del pasado. Para que el Espíritu Santo more a plenitud en nosotros, tenemos que limpiar la casa. Esas influencias del pasado pueden ser los pactos directos e indirectos hechos con el enemigo; necesitamos romper con las maldiciones generacionales que se arrastran en nuestra línea sanguínea para ser totalmente libres. Algunas veces, la liberación en las personas es instantánea, pero en otras, es progresiva; por lo tanto persevere, ya que esa liberación es suya por herencia.

Muchos creyentes saben en teoría que son libres, pero todavía no se han apropiado de este conocimiento para gozar de una libertad total. Después de Su muerte y resurrección, Jesús nos hizo renacer en una esperanza de vida nueva. Ahora, todo aquel que quiera, puede comer gratuitamente de la mesa y gozar de todas las bendiciones, porque nos ha hecho hijos e hijas de Dios por la fe en Él.

La liberación es un misterio

Hay muchos misterios en la Biblia, pero hay uno que las personas tienen mayor dificultad para entender: el misterio de la liberación. ¿Por qué muchos pastores y ministros no entienden el misterio **ni** el ministerio de la liberación? Si todos leemos la misma Biblia, ¿por qué hay ministros que aún critican y se oponen a este ministerio? La razón es muy simple. El ministerio de echar fuera demonios y de liberar es un **misterio** que sólo se puede entender por medio de la revelación del Espíritu Santo.

«El hipócrita con la boca daña a su prójimo; mas los justos son librados con la sabiduría». Proverbios 11.9

Si queremos ver principados y potestades derribados en los aires, tenemos que echar fuera demonios aquí en la tierra. Hay gente que quiere entrar en guerra espiritual en la ciudad y en los aires sin primero echar fuera los demonios de las personas. Cuando esto se haga, los principados en los aires serán afectados. Dios está levantando un ejército que echa fuera demonios en todo el mundo.

En Mateo, cuando Jesús envió a los doce, lo primero que les dio fue autoridad para echar fuera demonios.

«Volvieron los setenta con gozo, diciendo: Señor, aún los demonios se nos sujetan en tu nombre. Y les dijo: Yo veía a Satanás caer del cielo como un rayo, he aquí os doy potestad de hollar serpientes y escorpiones, y sobre toda fuerza del enemigo, y nada os dañará. Pero no os regocijéis de que los espíritus se os sujetan, sino regocijaos de que vuestros nombres están escritos en los cielos. En aquella misma hora, Jesús se regocijó en el Espíritu, y dijo: Yo te alabo, oh Padre, Señor del cielo y de la tierra, porque escondiste estas cosas de los sabios y entendidos, y las has revelado a los niños. Sí, Padre, porque así te agradó. Todas las cosas me fueron entregadas por mi Padre; y nadie conoce quién es el Hijo sino el Padre; ni quién es el Padre, sino el Hijo, y aquel a quien el Hijo lo quiera revelar». Lucas 10.17-22

«Entonces llamando a sus doce discípulos les dio autoridad sobre los espíritus inmundos». Mateo 10.1

La liberación fue una de las partes importantes dentro del ministerio de Jesucristo. Si usted lo analiza detalladamente, encontrará que el ministerio de la liberación que Cristo estableció en el Nuevo Testamento o nuevo pacto, lo diferencia a Él, de todos los siervos del Antiguo Testamento, o antiguo pacto.

En el Antiguo Testamento, vemos cómo Dios levantó grandes profetas, tales como: Elías, que hizo descender lluvia y fuego del cielo; o Moisés, que abrió el Mar Rojo. Pero nunca se había visto un hombre de Dios echando fuera demonios. El más cercano y parecido a la liberación fue el caso de David que cuando alababa a Dios y tocaba su arpa, el espíritu inmundo que atormentaba a Saúl lo dejaba temporalmente.

El ministerio de la liberación

Es el Hijo de Dios quien introduce la liberación y comienza su ministerio echando fuera demonios y liberando los cautivos. Ya el profeta Isaías había profetizado acerca del ministerio del Mesías que sería ungido para libertar a los cautivos y abrir las cárceles a los presos.

«El Espíritu de Jehová el Señor está sobre mí, porque me ungió Jehová; me ha enviado a predicar buenas nuevas a los abatidos, a vendar a los quebrantados de corazón, a publicar libertad a los cautivos, y a los presos apertura de la cárcel». Isaías 61.1

Esto era algo nuevo que las personas nunca habían visto, y por eso se decían: "¿Qué cosa nueva es ésta?" "¿Con qué autoridad y poder echa fuera demonios?" "¿Por qué llegaron estas señales con Jesús?" Porque Él comenzó a predicar el **reino de Dios**. Éste era un mensaje para el nuevo pacto que nunca antes se había predicado.

Cuando el reino de Dios llega a un lugar específico, trae una confrontación directa con el reino de las tinieblas. Ahí se confrontan los poderes satánicos con el poder de Dios y sobre esa región comienza la liberación de las opresiones de Satanás.

«Pero si yo por el Espíritu de Dios echo fuera los demonios, ciertamente ha llegado a vosotros el reino de Dios». Mateo 12.28

Jesús dice en este texto que echar fuera demonios es una señal de que el reino de Dios ha llegado, y que también, es la señal más visible de que el reino de Dios ha venido a la vida de una persona.

Dios tiene un reino y Él quiere traer más que salvación a los que en Él creen; desea traer su reino a nosotros. Grandes influencias demoníacas que han estado gobernando en ciertas áreas por generaciones tienen que ceder cuando llega el reino de Dios. Tanto en familias como en individuos, encontramos maldiciones generacionales que tienen que romperse. Maldiciones de pobreza, de brujería, de divorcio; y de todas ellas, Cristo vino a liberarnos.

Cuando usted recibe a Jesús en su corazón como Salvador, el reino de Dios comienza a confrontar los espíritus del reino de las tinieblas que hay en su vida y usted comienza a recibir la revelación del evangelio. Esto es un misterio para muchos y locura para los que se pierden.

«En aquella misma hora Jesús se regocijó en el Espíritu, y dijo: Yo te alabo, oh Padre, Señor del cielo y de la tierra, porque escondiste estas cosas de los sabios y entendidos, y las has revelado a los niños». Lucas 10.21

Los discípulos regresaron contentos de predicar la palabra porque las señales les habían seguido y, además, se gozaban porque los demonios se sujetaban en el nombre de Jesús. En todo esto, Jesús se regocijó en el espíritu y oró en gratitud a su Padre: "Te alabo porque escondiste estas cosas de los sabios y entendidos y las has revelado a los niños".

¿Quiénes son los niños? La palabra **niño** significa uno que no es calificado ni especializado; es inexperto, **"uno que es humilde para recibir instrucción"**. Éstos son los únicos que entienden: los que son humildes y mansos para recibir la instrucción, que no se creen expertos ni calificados para el Reino. A estos que son sencillos, Dios les revela Sus misterios, Sus maravillas y la obra de Sus manos.

¿Por qué Dios esconde estas cosas de las personas?

*   La primera razón es porque ellas **no quieren recibir la revelación.** Dios no les deja ver ni les revela cosa alguna porque ellas no quieren recibirlo. Dios revela sus misterios y su Palabra a aquellos que tienen hambre y sed de ella. El Señor no tira las perlas a los cerdos. Por eso, cuando Jesús enseñaba a sus discípulos, lo hacía con parábolas. La razón por la cual enseñaba de esta manera era para que los fariseos y religiosos de aquel tiempo no entendieran, ya que en sus corazones había dureza para recibir la verdadera revelación de Jesús.

«Por eso les hablo por parábolas; porque viendo no ven, y oyendo no oyen, ni entienden. De manera que se cumple en ellos la profecía de Isaías, que dijo: De oído

oiréis, y no entenderéis; y viendo veréis, y no percibiréis. Porque el corazón de este pueblo se ha engrosado, y con los oídos oyen pesadamente, y han cerrado sus ojos; para que no vean con los ojos, y oigan con los oídos». Mateo 13.13-15

• Muchas veces, Dios esconde cosas de las personas **por causa del espíritu de orgullo y de soberbia que hay en ellos.** Una de las maneras como Dios juzga el espíritu de orgullo es a través de la **ceguera espiritual.** Hay personas que creen que saben mucho, tienen muchos diplomas, experiencia y consideran que ellos lo saben todo, y como resultado, Dios los ciega con "ceguera espiritual". No entienden la liberación porque es un misterio. Dios le dijo a Isaías:

«Anda, y di a este pueblo: Oíd bien, y no entendáis; ved por cierto, mas no comprendáis». Isaías 6.9, 10

¿Por qué Dios enviaría profetas a su pueblo Israel si ellos no los iban a entender ni a oír? Porque el juicio de Dios estaba en contra la dureza de sus corazones y de su testarudez. Muchas personas no verán los misterios de Dios si no se humillan como niños ante Su presencia.

La liberación es un ministerio de Jesús

La señal de Jesús para indicar que el Reino de Dios había llegado fue el ministerio de la liberación, echando fuera demonios. En *Mateo 12.30,* Jesús dice algo importante:

«El que no es conmigo, contra mí es; y el que conmigo no recoge, desparrama». Mateo 12.30

Muchas veces, hemos usado este verso para evangelizar diciéndole a las personas: "¿estás con Jesús o en contra de Jesús? Pero, en el contexto de este versículo, Jesús se está refiriendo al ministerio de echar fuera demonios.

Hay cristianos que creen en los ministerios de la predicación, la enseñanza, la sanidad y los milagros; pero cuando se toca el punto del ministerio de la liberación, se incomodan. Lo que Jesús está diciendo en el texto anterior es: si estás conmigo, no solamente tienes que estar en la predicación, en la sanidad, en la enseñanza, sino también en la liberación, que es uno de los ministerios que traje a los hombres, para la gloria de mi Padre.

El ministerio de liberación expone todo aquello que está oculto dentro del corazón del hombre. Es un ministerio que opera bajo el discernimiento del espíritu, más que en cualquier otro ministerio. Si a usted no le gusta este ministerio es porque hay un problema en su corazón. Eso no significa que usted no sea salvo y que no vaya al cielo; usted sí va al cielo. El tema es que muchos ministros, aunque saben que el pueblo necesita liberación, no quieren tocar este tópico. De la manera como usted responda a la palabra de Dios, se revela lo que hay en su corazón.

Jesús siempre tuvo el ministerio de liberación, porque Él fue ungido por su Padre para libertar a los cautivos. Él espera que usted y yo creamos en todo lo que el regalo de la salvación conlleva: la sanidad interior y física, los milagros, la prosperidad y muchos regalos más. Es un paquete completo.

Muchas personas no quieren predicar ni hablar de liberación porque es la parte más controversial del ministerio de Jesús. Pero Jesús dijo: si no estás conmigo en este ministerio, estás contra mí. **Si estás conmigo hasta el final, ésta será la prueba: que creas y prediques bajo el poder del ministerio de la liberación.**

Si usted puede echar fuera demonios, no tendrá problemas en hacer cualquier otra cosa para Dios.

La liberación

El ministerio de la liberación ha sido mal entendido por muchos creyentes, debido a que se han tocado muchos extremos en lo que respecta a este ministerio. Hay personas que ven demonios por todos lados, mientras que otros creyentes acreditan todo lo que sucede en sus vidas sólo a las manifestaciones de la carne.

¿Cuál es la diferencia entre una obra de la *carne* y una *opresión del enemigo*?

¿Qué es la carne? Es la vieja naturaleza adámica, el viejo hombre, la naturaleza carnal, ella describe la naturaleza que hemos heredado de Adán.

Aunque el problema del pecado original es universal, muchas de las personas de esta raza caída han llegado a estar bajo el poder de los demonios. Si el ser humano no hubiese pecado, nunca hubiera sido vulnerable a la invasión de los demonios en su vida.

Los científicos dicen esto: "Cuando un cuerpo saludable es atacado por células cancerosas, su sistema inmunológico las identifica y las ataca; como resultado, estas células cancerosas no pueden dañar el organismo". Eso mismo es lo que pasa con los demonios. Ellos siempre tratan de atacar a las personas, pero cuando la persona está saludable interiormente, el sistema inmunológico espiritual los identifica y los ataca; no pueden tomar control. Cuando la persona no está saludable emocional ni espiritualmente, es vulnerable al ataque de los demonios.

¿Carne o demonio?

El remedio para vencer la carne es la **crucifixión.** Nuestro viejo hombre ha sido crucificado. El apóstol Pablo dijo que había sido crucificado con Jesús. A través de toda la Biblia, se nos enseña qué hacer con nuestra vieja naturaleza, con el hombre viejo, y esto es: negarnos a nosotros mismos, tomar nuestra cruz y seguir a Cristo cada día.

«Sabiendo esto, que nuestro viejo hombre fue crucificado juntamente con Él, para que el cuerpo del pecado sea destruido, a fin de que no sirvamos más al pecado». Romanos 6.6

«Con Cristo estoy juntamente crucificado, y ya no vivo yo, mas vive Cristo en mí; y lo que ahora vivo en la carne, lo vivo en la fe del Hijo de Dios, el cual me amó y se entregó a sí mismo por mí». Gálatas 2.20

Remedio contra los demonios

Hay algunos creyentes que han ayunado, orado, atado, reprendido, clamado y no han obtenido ningún resultado. Han crucificado la carne, pero todavía dentro de ellos tienen deseos compulsivos que los llevan a hacer lo malo. Es algo que está fuera de su control, en su mente, en su cuerpo, en sus emociones y en sus áreas sexuales. El remedio contra los demonios es **expulsarlos y echarlos fuera.** Pero como a muchos se les ha enseñado, que ningún creyente puede estar influenciado por el diablo y que cuando recibe a Cristo en ese mismo momento es libre de todo, siguen por mucho tiempo arrastrando cosas del pasado que los controla y los oprime.

Hay creyentes tratando de crucificar los deseos provocados por los demonios, cuando más bien, deberían expulsarlos. Otros están tratando de echar demonios fuera cuando, en realidad, es un problema de la carne.

El remedio para vencer la carne o el viejo hombre es la crucifixión y el remedio para vencer los demonios es expulsarlos y echarlos fuera.

¿Puede un creyente estar poseído? **Por supuesto que un creyente "no" puede estar poseído por demonios,** ya que el Espíritu Santo vive dentro de la persona y el maligno no la puede tocar (el Espíritu Santo no puede cohabitar con un demonio). Pero sí, la palabra del Señor habla que un creyente puede darle lugar al enemigo con sus acciones.

«Ni deis lugar al diablo». Efesios 4.27

Cuando un creyente camina en obediencia al Señor y no le da lugar al enemigo, éste no puede hacer nada en su contra. Ahora, si la persona cede un poco de su terreno para que él opere, le está dando un **derecho legal.** Él no tiene poseída nuestra vida, pero tiene un pequeño rincón de ella. Desde ese terreno, controla y envía deseos lujuriosos, pasiones desordenadas, envidias, que oprimen al creyente trayéndole depresión.

Pactos directos e indirectos

En muchas ocasiones, se han hecho pactos con el enemigo, tales como: votos secretos de la masonería, Rosa Cruz, promesas y votos a imágenes, practicando así la idolatría, la magia, la santería, "vodoo", meditación trascendental y yoga. Debido a que nunca hemos renunciado a esos pactos y prácticas que son del enemigo, el demonio sigue con el derecho legal en nuestras vidas.

Ningún creyente puede estar poseído, pero sí puede ser oprimido o influenciado por espíritus inmundos y esto ocurre cuando les hemos abierto las puertas y les hemos dado derecho legal para influenciar nuestro diario vivir.

Cuando hablamos de posesión, nos referimos a adueñase de alguien en espíritu, alma y cuerpo; es estar completamente controlado por demonios. Esto aplica a los inconversos; sin embargo, la opresión implica influencia para los creyentes. Vemos, por ejemplo, cómo fue influenciado Pedro en un instante. Su pensamiento fue cargado de compasión en la carne para que Cristo no sufriera la muerte de cruz. Detrás de ese espíritu de compasión, estaba Satanás tratando de disuadir a Jesús para que desistiera de ir a la cruz. A Pedro, aún no se le habían abierto los ojos espirituales para entender la obra gloriosa del Cordero de Dios; por tal motivo, razonó y reaccionó según sus instintos naturales. De ahí en adelante, Satanás le ciega el entendimiento a tal punto que llega a negar tres veces consecutivas a Cristo. Sólo es libre de esa influencia cuando Cristo lo mira con compasión y el Espíritu Santo le da convicción de pecado y arrepentimiento. Y dice la Palabra que lloró amargamente.

El enemigo puede influenciar y oprimir la mente de un creyente. Por eso, la Palabra nos exhorta a orar en el espíritu para no caer en tentación. ¡Cerrémosle las puertas de nuestra mente y de nuestro corazón al enemigo!

Algunas señales de una opresión demoníaca en una persona:

1. **La persona se siente seducida.** Los demonios persuaden a las personas para hacer lo malo. Todos hemos experimentado esto. Cuando la

gente dice: "ni me di cuenta a qué hora lo hice, ni vi el peligro", esto nos muestra que fue seducido por una influencia. Si usted se encontrara una cartera con dinero, inmediatamente, va a escuchar una voz que le va a decir: "llévatela, nadie va a saber; otros harían lo mismo". Le seduce hacer el mal de una manera astuta.

2. **La persona ha ayunado y ha orado sin obtener resultados.** A menudo, vemos creyentes que le dicen: "he orado, he ayunado, he reprendido, he ido a consejería, he ido al sicólogo, he atado y desatado, he clamado, pero hay algo que es más fuerte que yo, que me lleva a pecar. Eso es una opresión diabólica, y esa persona necesita ser libre en el nombre de Jesús.

3. **La persona se siente hostigada y acosada.** Los demonios estudian sus movimientos y observan sus debilidades. Cuando piensa que tiene todo bajo control, en un momento de desánimo y de debilidad, viene el demonio y le prepara la trampa, le hostiga y le hace caer.

4. **La persona se siente torturada.** «*Entonces su señor, enojado, le entregó a los verdugos... así, también mi Padre celestial hará con vosotros si no perdonáis de todo corazón*». *Mateo 18.34*

Como ya hemos visto en los capítulos anteriores, hay muchos creyentes hoy día atormentados por demonios, por la simple razón de que en su corazón hay falta de perdón.

Formas de tortura demoníaca en una persona:

- **Física.** Puede venir con aflicciones físicas, tales como: artritis, úlceras, parálisis, asma. No significa que todas estas enfermedades son demoníacas, pero algunas veces son el producto de la obra de demonios, que han encontrado su puerta abierta en la falta de perdón.

- **Espiritual.** Puede ser una acusación de culpabilidad porque cometió un pecado muy fuerte, como un asesinato o un aborto. Si a una persona le ocurre esto, no es otra cosa que un espíritu de culpabilidad continuo en su mente.

5. **La persona desarrolla un deseo compulsivo.** Ninguna palabra es más clara para describir la actividad demoníaca en una persona que la palabra **"compulsivo"**. Por lo general, detrás de un deseo compulsivo se encuentra un demonio obrando. Usualmente, las personas dicen: "tengo un deseo compulsivo de fumar, de tomar alcohol, drogas, de tener sexo todo el tiempo, de comer, de robar". Hay muchas personas que dicen: "yo trato de dejar esto, pero hay algo que me empuja a hacerlo y no puedo parar". Éstas son señales de que está operando una influencia demoníaca.

6. **La persona se siente esclavizada.** Vamos a tomar un ejemplo acerca de sexo: Supongamos que usted comete un pecado sexual y se arrepiente de verdad, con todo su corazón. Usted sabe que Dios

le perdonó y le justificó, pero después de todo usted todavía siente deseos intensos de volver a hacerlo. ¿Por qué? Porque hay una influencia demoníaca. Así mismo, en otras áreas, los demonios causan adicciones de todo tipo. Esa persona tiene que confesar lo que le sucede, a un siervo de Dios y estar continuamente bajo supervisión espiritual para gozar de una vida plena y victoriosa en Cristo.

7. **La persona siente ataques físicos.** Los demonios causan ciertos ataques físicos como, por ejemplo, cansancio. Hay un demonio que causa que la gente siempre esté cansada, tanto al levantarse, como al acostarse; siempre está cansada. No pueden leer la Biblia ni orar porque están cansadas. Otro ataque físico de los demonios son los problemas no naturales para dormir. Hay personas que van a orar y a leer la Biblia, pero se duermen, sin embargo, miran la televisión y no les sucede lo mismo. Hay personas que duermen hasta 12 y 16 horas y usan el sueño como un escape a sus problemas. Esto es causado por un espíritu de depresión; no se quieren encontrar con la realidad.

Áreas que son afectadas por los demonios

Vimos en capítulos anteriores, que el hombre está compuesto de espíritu, alma y cuerpo. El espíritu nació de nuevo y el Espíritu Santo vive dentro del creyente, pero el alma necesita ser liberada. Es en el alma donde están la mayor parte de los problemas de los creyentes y es allí donde Dios necesita liberarnos de las influencias del enemigo.

Las áreas afectadas son:

- **Las emociones.** Los espíritus vienen y hacen daño en el área de las emociones, tales como: rechazo, ira, odio, contienda, los cuales moran en el corazón del hombre.

- **El cuerpo.** Hay espíritus inmundos que habitan en ciertas partes del cuerpo; por ejemplo, los espíritus sexuales se alojan en el abdomen, en los ojos y en la espalda.

  «...y había allí una mujer que desde hacía dieciocho años tenía espíritu de enfermedad, y andaba encorvada y en ninguna manera se podía enderezar. [12]Cuando Jesús la vio, la llamó y le dijo: — Mujer, eres libre de tu enfermedad. [13]Puso las manos sobre ella, y ella se enderezó al momento y glorificaba a Dios».
  Lucas 13.11-13

- **La lengua.** Los malos pensamientos salen del corazón, y de la abundancia del corazón, habla la boca.

  «Generación de víboras! ¿Cómo podéis hablar lo bueno, siendo malos? Porque de la abundancia del corazón habla la boca. El hombre bueno, del buen tesoro del corazón saca buenas cosas; y el hombre malo, del mal tesoro saca malas cosas. Mas yo os digo que de toda palabra ociosa que hablen los hombres, de ella darán

cuenta en el día del juicio. Porque por tus palabras serás justificado y por tus palabras serás condenado». Mateo 12.34-37

Hay personas que viven hablando negativamente; con su lengua critican, murmuran y todo el tiempo se están quejando. Dios nos exhorta a que usemos un lenguaje de alabanza y que con nuestra boca siempre confesemos su Palabra.

- **El apetito.** Hay ciertos espíritus que afectan el área del apetito. Éstas son las personas que comen demasiado o que pierden el apetito con mucha facilidad. Un ejemplo de esto es la anorexia que está de moda en muchos niveles de nuestra sociedad y muchas personas han muerto por esta causa.

- **El sexo.** Los espíritus de lascivia, adulterio, homo-sexualismo y fornicación buscan tener control sobre la vida de muchas personas. Tenemos que recordar que ellos no vienen solos; siempre trabajan en cadena y detrás de uno vienen otros.

CAPÍTULO

9

El Origen de los Demonios

S i vamos a estudiar todo lo referente a la liberación de Dios a nuestras vidas, tenemos que estudiar también al enemigo: el diablo y sus demonios. ¿Cuál es su origen, cómo actúan y cuál es su organización?

¿Cuál fue el origen de Satanás?

- Fue creado perfecto en todos sus caminos.
- Fue un querubín protector y ungido.
- Lleno de sabiduría y hermosura.

«Hijo de hombre, levanta endechas sobre el rey de Tiro, y dile: Así ha dicho Jehová el Señor: Tú eras el sello de la perfección, lleno de sabiduría, y acabado de hermosura». Ezequiel 28.12

«¡Cómo caíste del cielo, oh Lucero, hijo de la mañana! Cortado fuiste por tierra, tú que debilitabas a las naciones. Tú que decías en tu corazón: subiré al cielo; en lo alto junto a las estrellas de Dios, levantaré mi trono, y en el monte del testimonio me sentaré, a los lados del norte; sobre las alturas de las nubes subiré, y seré semejante al Altísimo. Mas tú derribado eres hasta el Seol, a los lados del abismo. Se inclinarán hacia ti los que te vean, te contemplarán, diciendo: ¿Es éste aquel varón que hacía temblar la tierra, que trastornaba los reinos; que puso el mundo como un

desierto, que asoló sus ciudades, que a sus presos nunca abrió la cárcel?». Isaías 14.12-17

Satanás y su caída

- Se rebeló contra Dios.
- Se enalteció por causa de su hermosura.
- Se llenó de iniquidad por causa de las contrataciones.
- Profanó el santuario y engañó a la tercera parte de los ángeles.

Como consecuencia de su pecado, fue echado del cielo y su destino final será el lago de fuego y azufre.

«Cuando los mil años se cumplan, Satanás será suelto de su prisión y saldrá a engañar a las naciones que están en los cuatro ángulos de la tierra, a Gog y a Magog, a fin de reunirlos para la batalla. Su número es como la arena del mar. Subieron por la anchura de la tierra y rodearon el campamento de los santos y la ciudad amada; pero de Dios descendió fuego del cielo y los consumió. Y el diablo, que los engañaba, fue lanzado en el lago de fuego y azufre donde estaban la bestia y el falso profeta; y serán atormentados día y noche por los siglos de los siglos». Apocalipsis 20.7-10

¿Cuándo fue que cayó? La caída de Satanás surgió entre *Génesis 1.1 y 1.2.*

Algo sucedió entre *Génesis 1.1 y Génesis 1.2.* Veamos, en el versículo uno dice la palabra del Señor: *"en el principio creó Dios los cielos y la tierra".* En el versículo dos, dice: *"y la tierra estaba desordenada y vacía".*

EL ORIGEN DE LOS DEMONIOS

Cuando Dios crea algo, lo hace perfecto. El Señor nunca ha creado algo que sea vacío.

«Y vio Dios todo lo que había hecho, y he aquí que era bueno en gran manera. Y fue la tarde y la mañana el día sexto». Génesis 1.31

Los teólogos opinan que algo ocurrió en la tierra que provocó que ésta quedara desordenada y vacía, y que eso que ocurrió fue la rebelión de Satanás.

¿Cuáles son los diferentes nombres de Satanás?

Sus nombres revelan el carácter, la posición y la actividad en cada una de sus facetas:

- **Adversario -** es el rival de Dios y quiere establecer su propio reino.

- **Diablo -** es la palabra griega *"diábolos"*, que significa el difamador, el calumniador, el que hace tropezar a otros. *«por cuarenta días, y era tentado por el diablo. Lucas 4.2. "Diábolos"* también significa uno que inicia reportes maliciosos y falsos para herir a otros.

- **La Serpiente Antigua -** antigua porque ha existido por mucho tiempo y serpiente porque es engañoso.

«Pero temo que, así como la serpiente con su astucia engañó a Eva, vuestros sentidos sean también de alguna

manera extraviados de la sincera fidelidad a Cristo...»
2 Corintios 11.3

- **El Gran Dragón -** Una bestia destructiva.

  «Otra señal también apareció en el cielo: un gran dragón escarlata que tenía siete cabezas y diez cuernos, y en sus cabezas tenía siete diademas». Apocalipsis 12.3

- **El Maligno -** Esta palabra viene del griego *"poneros"*, que significa malvado y corrupto; también, busca corromper a otros.

  «No ruego que los quites del mundo, sino que los guardes del mal». Juan 17.15

- **El Destructor –** Hay dos palabras para describir destructor: en el griego es *"Abadón"* y en el hebreo es *"Apoleón"*.

- **El mentiroso y el homicida**

  «Vosotros sois de vuestro padre el diablo, y los deseos de vuestro padre queréis hacer. Él ha sido homicida desde el principio y no ha permanecido en la verdad, porque no hay verdad en él. Cuando habla mentira, de suyo habla, pues es mentiroso y padre de mentira». Juan 8.44

¿Cuál es la posición del enemigo?

- **El príncipe de este mundo.** Él es quien gobierna este mundo ("cosmos"), sistema corrupto dominado por hombres y mujeres separados de Dios.

- **El príncipe de la potestad del aire.** Es el gobernador de esta atmósfera y su área de operación es el aire alrededor de nosotros llamado el segundo cielo.

  «...*en los cuales anduvisteis en otro tiempo, siguiendo la corriente de este mundo, conforme al príncipe de la potestad del aire, el espíritu que ahora opera en los hijos de desobediencia». Efesios 2.2*

- **El dios de este siglo.** Un sistema de filosofía que promueve una religión y una manera de vivir que exalte a la criatura y no al creador.

- **El acusador.** La palabra de Dios nos enseña que el enemigo nos acusa delante de Dios de día y de noche.

  «*Respondiendo Satanás a Jehová, dijo: — ¿Acaso teme Job a Dios de balde? ¿No le has rodeado de tu protección, a él y a su casa y a todo lo que tiene? El trabajo de sus manos has bendecido, y por eso sus bienes han aumentado sobre la tierra. Pero extiende ahora tu mano y toca todo lo que posee, y verás si no blasfema contra ti en tu propia presencia». Job 1.9-11*

¿Quiénes son los demonios?

Hay dos grandes teorías acerca del origen de los demonios. Éstas son las siguientes:

1. La primera teoría es que son ángeles caídos.

«Mas los fariseos, al oírlo, decían: Éste no echa fuera los demonios sino por Belcebú, príncipe de los demonios». Mateo 12.24

«Entonces dirá también a los de la izquierda: Apartaos de mí, malditos, al fuego eterno preparado para el diablo y sus ángeles». Mateo 25.41

Cuando se comparan los dos textos, se llega a la conclusión que si el príncipe de los demonios es el diablo, entonces los ángeles del diablo son los demonios.

2. La segunda, es la teoría de la raza preadámica.

Otra teoría es que los demonios son espíritus de una raza anterior a la creación de Adán. Ellos fueron destruidos en la caída de Satanás porque le siguieron. Éstos son algunos de los aspectos que considera esta teoría:

«Porque si Dios no perdonó a los ángeles que pecaron, sino que arrojándolos al infierno los entregó a prisiones de oscuridad, para ser reservados al juicio». 2 Pedro 2.4

- Los ángeles caídos fueron atados en prisiones de oscuridad.

- Dios creó la tierra perfecta y habitada con seres vivientes.

- Lucero era el gobernador de esta tierra y toda la creación.

- En su rebelión, estos seres fueron destruidos.

- Los espíritus desencarnados de estos seres ahora son los demonios que un día van a ser echados al lago de fuego.

- Ellos buscan un cuerpo para manifestarse.

- Esto podría explicar la teoría de los dinosaurios y restos de otros animales antiguos.

Éstas son las dos teorías que las escuelas de teología afirman.

¿Cómo son los demonios?

«Estaba en la sinagoga un hombre que tenía un espíritu de demonio impuro, el cual exclamó a gran voz...».
Lucas 4.33, 34

«Jesús le preguntó: – ¿Cómo te llamas? Él dijo: – Legión. Muchos demonios habían entrado en él». Lucas 8.30

Algunas descripciones de los demonios, según la Biblia son:

- **Tienen personalidad.** Esto significa que tienen nombres, emociones, voluntad y además, pueden hablar.

- **Son espíritus.** Son espíritus malos e inmundos y son nombrados por sus manifestaciones, tales como: *espíritu sordo y mudo. Marcos 9.17-25*

- **Causan opresión en las personas.** Hay diferentes niveles de control demoníaco en una persona: depresión, opresión, obsesión y posesión.

- **Pueden tomar posesión de una persona.** *Marcos 5.1-20.* Es una fuerza sobrenatural, que pueden causar ciertas manifestaciones en la víctima. La persona posesionada hace y dice cosas extrañas, habla usando su voz o una distinta, provoca una personalidad diferente en ella.

¿Cómo lidió Jesús con los demonios?

Hay cinco puntos importantes en estos versos acerca de cómo Jesús trató con los demonios. Refiérase a *Marcos 1.22-39.*

1. Jesús trató con el demonio, no con el hombre.

2. Jesús expulsó el demonio del hombre, pero no al hombre de la sinagoga.

3. Jesús no se avergonzó por la interrupción, pues era parte de su ministerio.

4. Es razonable pensar que el hombre era miembro regular de la sinagoga, pero nadie sabía que necesitaba liberación.

5. Fue una confrontación tan dramática, de tal manera que se difundió la fama y la autoridad de Jesús por todas las ciudades.

¿Cuáles son los niveles de guerra espiritual?

Hay tres niveles de guerra espiritual:

1. El nivel personal

Esto es echar fuera demonios de individuos solamente. No se puede hacer guerra espiritual efectiva contra principados y potestades en los aires si primero no echamos fuera demonios de las personas aquí en la tierra.

2. El nivel territorial/estratégico

Es una batalla en contra de espíritus territoriales. Éstos son espíritus autorizados por el hombre mismo con sus acciones, dándole paso al enemigo para gobernar sobre ciertas áreas geopolíticas y geográficas, por ejemplo: naciones, grupos étnicos, iglesias y familias.

3. El nivel filosófico

Es una batalla en contra de espíritus de falsas ideologías y filosofías que dividen e impiden el crecimiento de la iglesia de Cristo.

El propósito de la guerra espiritual en estos tres niveles es:

- Liberar a las personas para que cumplan el propósito de Dios efectivamente.

- Liberar a las personas para que sirvan a Dios a plenitud.

Tenemos que entender que podemos cambiar las cosas aquí en la tierra si cambiamos las cosas en los aires a través de la intercesión y la guerra espiritual.

Los Cinco Espíritus del Enemigo que están Atacando la Iglesia

Q ueremos analizar los cinco espíritus más persistentes que están atacando a la iglesia de nuestros tiempos. Todos ellos son reales y han causado miseria en muchas congregaciones hoy día. Algunas veces, nos preguntamos ¿por qué sucedió esto en tal iglesia? Tenemos que saber que vivimos en una guerra continua y que nuestra lucha no es contra sangre ni carne, sino contra el enemigo de Dios y del hombre: Satanás, la serpiente antigua.

Muchas veces, esos cinco espíritus se manifiestan a través de personas dentro de las mismas iglesias. Muchas de estas personas ni siquiera se dan cuenta de que el enemigo las está usando; otros sí lo saben, pero no buscan ayuda.

1. El espíritu de Jezabel

«A la verdad ninguno fue como Acab, que se vendió para hacer lo malo ante los ojos de Jehová; porque Jezabel su mujer lo incitaba». 1 Reyes 21.25

Para entender mejor el espíritu de Jezabel, debemos hablar primero d Acab

Acab: Rey de Israel, desobedece la ley de Jehová al casarse con la hija del rey Sidonio (Sidón, de

Fenicia). Ella era sacerdotisa de Baal y Asera. Esta última era la diosa Astoret, así llamada por los Fenicios (reina del cielo). Baal era el *dios sol* que necesitaba sacrificios humanos, era la adoración misma a Satanás. Acab permitió que la idolatría a través de su esposa tomara el dominio espiritual de los hijos de Israel, estableciendo la adoración de dioses paganos y el sacrificio de niños. Acab representa al hombre débil de espíritu y de carácter, tanto en el hogar como en la iglesia.

La consecuencia de su posición pasiva fue la destrucción del sacerdocio familiar. Su desobediencia a la ley de Dios y su pasividad frente a lo que sucedía a su alrededor, le dieron el campo libre a su mujer, Jezabel, que sin perder la oportunidad, tomó control de todo, ejerciendo un dominio tal, que más de diez millones de hebreos se inclinaron para adorar a Baal; en esos momentos tan decisivos, sólo siete mil rodillas no se doblaron delante de sus dioses falsos.

Jezabel

¿Quién era realmente Jezabel? La esposa controladora y manipuladora de Acab, rey de Israel. *1 Reyes 18.14-19*. Cuando se habla de Jezabel, la identificamos en nuestra sociedad actual como la fuente de la sensualidad obsesiva. La identificamos como la adoración a lo oculto, la hechicería y la igualdad de los sexos.

Significa sin cohabitación; no se interesa por otros, no trabaja en equipo, es autosuficiente, controla la mente y toda situación bajo la influencia de espíritus satánicos, es acaparadora y altiva.

A través del sexo, seduce y controla, no sólo al marido sino a sus amantes. Desprecia la autoridad masculina. Este espíritu se caracteriza por el dominio y el control al marido, en lugar de sumisión a la autoridad. Esto simplemente significa que rehúsa a cohabitar o vivir con alguien, a menos que pueda controlar o dominar la relación. Si no logra controlar, cambia de táctica, hasta lograr sus objetivos. En secreto insta al mal a su marido y se esconde detrás de él.

Este espíritu lo vemos en la mujer del rey Herodes, que le pidió a su hija que bailara frente al rey, para que le sedujera con movimientos sensuales y así poder realizar sus planes de matar al profeta de Dios, Juan el Bautista.

Este espíritu se mueve en tres áreas diferentes:

- **En el ser humano -** Opera en el área del individuo, sea hombre o mujer. Ataca a ambos sexos, pero tiene mayor tendencia hacia la mujer, que generalmente, se deja dominar por los celos. Puede ser insegura, vanidosa controladora y dominante. Usa el sexo, porque como hemos visto, su mayor fuerza está en el control. Lo podemos encontrar en mujeres amargadas contra los hombres, que los humillan públicamente y los controlan con amenazas en su vida sexual. El control y el dominio son su objetivo.

- **En la iglesia** - Se infiltra en la iglesia para controlar al siervo de Dios o para hacerlo caer. También, opera en la iglesia como un espíritu de seducción y de fornicación. Aunque se mueve dentro de la iglesia, odia el espíritu profético y resiste el fuego del Espíritu Santo que representaba a Elías, el siervo enviado de Dios, lleno de poder y de manifestaciones gloriosas para los últimos días.

- **En la nación** - Opera como principado en toda una nación tomando fuerza, y encadenando a sus habitantes como en el caso de Acab, rey de Israel.

Hoy por hoy, la lucha se hace más fuerte debido a los medios de comunicación, que son la vía por la cual el principado de Jezabel opera en las naciones. Este espíritu opera sin obstáculos a través de la industria del espectáculo, diversiones, moda, nueva era y muchos más. Se infiltra a través de la pornografía, anuncios, videos para adultos, seduciendo en lo oculto e íntimo a cientos de líderes y pastores religiosos.

Bajo el control de este espíritu, el número masivo de abortos se ha multiplicado por miles en comparación a los sacrificios humanos que recibió Baal en la antigüedad, cuando no sólo sacrificaban niños sino que por orden de Jezabel decapitaban profetas del Dios vivo. Esto nos recuerda lo que sucede en Colombia, en Cuba y aun en los Estados Unidos.

Lo que Jezabel aborrece:

* El arrepentimiento
* La humildad de corazón
* La palabra de fuego profética
* El sometimiento
* La intercesión y el ayuno

Su odio es contra Dios mismo y sus escogidos.

¿Cuáles son los comportamientos característicos de una persona que está siendo influenciada por este espíritu?

Habla a menudo de las revelaciones que "recibe". Tiene un gran ego. *«Alábete el extraño y no tu propia boca; el ajeno, y no los labios tuyos». Proverbios 27.2* Es común observar que anhela constantemente el reconocimiento. Lucha por ser mencionada desde el púlpito por los líderes, hasta tal punto, que es muy normal verla ofendida y resentida cuando los líderes omiten mencionar su nombre.

Trata de estar cerca de los líderes a través de **halagos** y **cumplidos** o esperando escuchar grandes profecías que la eleven a una posición de grandeza delante de los demás. No tiene nada de malo darle cumplidos a la gente si vienen con la motivación correcta, pero no lo es cuando se dicen cosas, tales como: "Nadie ha servido en esta iglesia como usted y el Pastor no lo entiende".

Muy raras veces quiere estar en autoridad, pero busca **"el poder detrás del trono"**.

Este espíritu opera en aquellas mujeres que dicen que se someten al marido, pero solamente en público porque por detrás hacen lo que quieren, dominando y controlando constantemente.

Generalmente, atrae a los miembros más débiles de la iglesia y empieza a esclavizarlos con halagos, zalamería y falsas profecías. Buscará personas que están en rebelión o aquellas quienes han sido heridas y están resistiendo a la autoridad. Este espíritu sabe cómo manipular las emociones. Usará sus esclavos espirituales para difundir el chisme, el descontento y la división.

«Seis cosas aborrece Jehová, y aun siete le son abominables: los ojos altivos, la lengua mentirosa, las manos que derraman sangre inocente, el corazón que maquina pensamientos inicuos, los pies que corren presurosos al mal, el testigo falso, que dice mentiras, y el que siembra discordia entre hermanos».
Proverbios 6.16-19

A menudo, tratará de casar a las parejas y, de esta manera, controlará sus relaciones con profecías falsas, con frases como: "Dios me dijo que te dijera".

Por lo general, se siente perseguida. Siempre está diciendo a las personas lo que le han hecho, cuán injustos han sido, que no le aprecian y hace todo esto para que le tengan lástima y compasión. A través de la autocompasión, controla y manipula a la familia.

A menudo, tiene amargura, especialmente, hacia los hombres, su padre y aun otras figuras de autoridad. No puede someterse, no tolera que le digan: "no" porque se prepara para la "guerra". Jezabel siempre está contendiendo y hablando en contra de aquellos que están en autoridad. Odia a los profetas y la oración de la iglesia porque la descubren. No le gusta nada que tenga que ver con profecía porque se ve confrontada y descubierta directamente.

¿Alguna vez se ha sentido inseguro? A Jezabel le gusta moverse en el ambiente de la inseguridad, frustración y confusión. Jezabel ama el poder y el control.

¿Cuáles son los posibles blancos de este espíritu en la iglesia?

- Pastores, evangelistas, líderes con mucha influencia, líderes de adoración y alabanza e intercesores.

- El espíritu de Jezabel intentará destruir cualquier iglesia que tenga avivamiento, palabra de

Dios revelada y una unción fresca y continua del Espíritu Santo.

- Manipula a los niños y los usa como herramienta de manipulación.

¿Cómo nos defendemos del espíritu de Jezabel?

Nuestra defensa es el arrepentimiento y la liberación; es vivir con un corazón limpio. Es de notar que el genuino arrepentimiento produce la verdadera intervención y presencia divina en la vida de la persona necesitada.

¿Cuál debe ser nuestra actitud hacia las personas influenciadas con este espíritu? Intentar combatir al espíritu y no a la persona que lo tiene. Enseñarle a estas personas que deben estar dispuestas a ser libres para siempre de la seducción de este terrible espíritu opresor.

2. El espíritu de Absalón

Éste es el espíritu de traición que opera en el corazón de líderes de la iglesia.

¿Quién era Absalón? *2 Samuel 15.1-6* Era el hijo de David que traicionó a su padre, guiando a Israel a revelarse con el fin de usurparle el trono.

Este espíritu opera a través de líderes y personas que están descontentas y ofendidas; líderes espirituales que traicionan a la autoridad que Dios ha puesto sobre la congregación. Estas personas buscan seguidores que apoyen su agenda personal, la cual es contraria a la visión del pastor y de la iglesia.

A menudo, el espíritu de Absalón guiará seguidores hasta sacarlos de la iglesia, causando división y trayendo gran daño a la misma.

- Así como a Jezabel, a este espíritu le gusta la atención, y es consumido por el deseo de controlar.

- Es muy independiente y le gusta promoverse a sí mismo. Aunque Absalón fingió un genuino interés por los problemas de la gente, su real motivación era pasar por encima de la autoridad de su padre y promoverse a sí mismo. *2 Samuel 15.1-13*

¿Qué es lo que causa que el espíritu de Absalón se manifieste?

- **La ambición personal.** Permanecen descontentos como líderes, quieren ser primeros y promueven su agenda personal, antes de la agenda que la iglesia local ha estipulado.

Absalón robó los corazones de la gente con zalamería y piropos. Este espíritu le habla a la gente de tal manera que empiezan a admirarlo, produciendo así un orgullo espiritual que engaña a "los Absalones" restantes, pensando que ellos son más espirituales que el pastor. Entonces, el espíritu de competencia toma control; luego, siembra contienda y división y atrae un grupo de seguidores, quienes son alimentados por un espíritu de crítica. Muchas veces, de allí salen y abren otras iglesias con un fruto de división y sin la presencia de Dios.

• **Ofensas no resueltas.** Pequeñas ofensas que a lo largo del camino se convierten en fortalezas en su mente y en su corazón. Refiérase a *2 Samuel 13.22-39*.

Absalón tenía falta de perdón contra su hermano Amnón, porque éste había violado a su hermana Tamar. Cuando la hermana le dio la noticia de que su hermano Amnón la había violado, dice la palabra de Dios que:

«*Mas Absalón no habló con Amnón ni malo ni bueno"; aunque Absalón aborrecía a Amnón, porque había forzado a Tamar su hermana*».

Pasó el tiempo y Absalón no perdonó; quedó en su corazón una ofensa no resuelta. Esto lo llevó a la amargura y al odio hasta que mató a su propio hermano.

«*Pero como Absalón le importunaba, dejó ir con él a Amnón y a todos los hijos del rey, y Absalón había dado orden a sus criados, diciendo: Os ruego que miréis cuando el corazón de Ammón esté alegre por el vino; y al decir yo: Herid a Amnón, entonces*

matadle, y no temáis, pues yo os he mandado».
2 Samuel 13.27-28

¿Cuáles son los blancos de ataque de este espíritu?

Ancianos, diáconos, miembros de la directiva de la iglesia, líderes de diferentes departamentos que han servido en la Iglesia por mucho tiempo.

Absalón en la iglesia

Hemos visto cómo "ofensas no resueltas" nos llevan a pecar. Éstas abren las puertas para que el espíritu de Absalón nos engañe. Algunas veces, no matamos a las personas físicamente, pero sí las podemos matar espiritualmente, hablando mal de ellas, tales como líderes de la iglesia y dañando su testimonio.

Una buena ilustración es la de un pastor que tomó una iglesia en California, la cual había sido fundada a causa de una división; y por lo tanto, no había en ella la presencia de Dios. Entonces, el pastor fue y le pidió perdón a su ex-pastor y la presencia de Dios comenzó a sentirse. La iglesia se había iniciado a raíz de una división.

¿Cuál fue el final de Absalón? Murió colgado mientras que a David, le fue restaurado su trono. *«La batalla se extendió por todo el territorio, y aquel día el bosque causó más muertes que la espada».* *2 Samuel 18.8*

Necesitamos guardar nuestra mente de este espíritu. Cuidemos las áreas por donde este espíritu viene. Pueden ser ambiciones personales u ofensas no resueltas.

¿Cuál es el final de una persona que se deja influenciar por este espíritu? Enfermedad, muerte y destrucción. No permita que en su corazón haya falta de perdón, porque eso lo llevará a la amargura, al odio y al pecado, y eventualmente, el enemigo lo destruirá.

3. El espíritu Farisaico

Este espíritu está lleno de hostilidad mortal. Este espíritu fue el que mató a Abel, crucificó a Jesús, apedreó a Esteban y trató de destruir a Pablo. Por naturaleza, el espíritu Farisaico odia la gracia y ama el legalismo. (El legalismo es otro espíritu que hay que echar fuera). El espíritu Farisaico milita en contra de la verdadera adoración y relación con Dios. Vemos esto en Caín, que se enojó cuando Dios aceptó la ofrenda de Abel y no aceptó la de él.

¿Cómo lidió Jesús con los legalistas?

• Les llamó tal como son.

«Vosotros sois de vuestro padre el diablo, y los deseos de vuestro padre queréis hacer. El ha sido homicida desde el principio, y no ha permanecido en la verdad, porque no hay verdad en él. Cuando

habla mentira, de suyo habla; porque es mentiroso, y padre de mentira». Juan 8.44

- Les llamó hijos del diablo.

- Les llamó sepulcros blanqueados.

¿Cómo opera este espíritu en el creyente?

- Ama la alabanza de los hombres.

- Está muy preocupado por posición y honra en la iglesia.

- Insiste en gobernar sobre las personas con sus propias tradiciones y leyes.

- Los religiosos de las iglesias, los "sumamente" espirituales que fingen tener una súper espiritualidad, pero no se dejan corregir porque creen que lo saben todo.

- Es de los que no hace ni deja hacer.

- Tiene un espíritu de crítica terrible.

    «Pero ¡ay de vosotros, escribas y fariseos, hipócritas!, porque cerráis el reino de los cielos delante de los hombres, pues ni entráis vosotros, ni dejáis entrar a los que están entrando». Mateo 23.13

- Le interesa más cumplir con el tiempo que con el mover de Dios.

- No lleva fruto para Dios y vive de apariencias.

- Antepone sus creencias y tradiciones a la palabra de Dios.

4. El espíritu de brujería y hechicería

Éste es un espíritu que subyuga y controla a las personas a través del miedo y de tradiciones de hombres.

Este tipo de espíritu está relacionado muy cercanamente con el espíritu de Jezabel. La meta de este espíritu es subyugar y destruir las enseñanzas bíblicas, y subsecuentemente, la vida cristiana. El espíritu de brujería usa la fuerza y, algunas veces, el poder emocional para manipular a otros.

«Y manifiestas son las obras de la carne, que son: adulterio, fornicación, inmundicia, lascivia, idolatría, hechicerías, enemistades, pleitos, celos, iras, contiendas, disensiones, herejías, envidias, homicidios, borracheras, orgías, y cosas semejantes a éstas: acerca de las cuales os amonesto, como ya os lo he dicho antes, que los que practican tales cosas no heredarán el reino de Dios». Gálatas 5.19 21

Por ejemplo:

- Las oraciones de manipulación y control.

- El uso del miedo para que las personas sirvan y no se vayan de la iglesia.

- Mensajes de condenación para hacer que las personas se sientan mal.

- El sembrar contienda entre hermanos.

Todo lo que hagamos por manipulación y control será una piedra de tropiezo en el futuro.

¿Qué sucede cuando una persona tiende a manipular a otra? El manipulado comienza a sentir resentimiento y amargura contra el manipulador.

Muchas veces, piensan que están ganando posiciones a través de la manipulación y el control, pero eso es como un castillo que se edifica en la arena, que en cualquier momento se derrumba por completo.

5. **El espíritu de tibieza espiritual**

Opera en algunos creyentes que no son fríos ni calientes.

¿Cómo sabe una persona si un espíritu de tibieza espiritual lo está influenciando?

- Cuando ha perdido o disminuido su amor hacia Dios.

- Pierde el hambre por las cosas de Dios, la Palabra, la oración e ir a la iglesia.

- Pierde la sensibilidad a la presencia de Dios.

- Pierde la sensibilidad a la necesidad de la gente.

- La vida de oración se vuelve una rutina.

Todo creyente que camina bajo este espíritu es vulnerable al enemigo y puede ser usado en cualquier momento. Pídale perdón al Señor y vuelva al primer amor del cual Cristo habló para que sea agradable a Sus ojos.

Cada iglesia local debe vigilar a través de la intercesión para que estos cinco espíritus no la ataquen y las personas no sean usadas para destruir sus ministerios. La solución para vencer a estos espíritus es orar y velar, usando las armas espirituales que Dios nos ha dado, las cuales son poderosas para la destrucción de fortalezas. ¡Amén!

Puertas Abiertas, Entrada para los Demonios

L os demonios entran por puertas que las personas abren en sus vidas. Ningún demonio puede entrar o influenciar a alguien si esa persona no le da el derecho legal. Los demonios siempre vienen y escogen el momento y el lugar más débil para entrar.

«Ni deis lugar al diablo». Efesios 4.27

Veamos algunas de las puertas por las cuales se le da derecho a los demonios para entrar e influenciar, trayendo opresiones a nuestras vidas.

1. Las maldiciones generacionales

Los espíritus familiares son los que llevan a cabo las maldiciones de generación en generación y se transmiten como herencia.

«Y pasando Jehová por delante de él, proclamó: ¡Jehová! Jehová! Fuerte, misericordioso y piadoso; tardo para la ira, y grande en misericordia y verdad; que guarda misericordia a millares, que perdona la iniquidad, la rebelión y el pecado, y que de ningún modo tendrá por inocente al malvado; que visita la iniquidad de los

padres sobre los hijos y sobre los hijos de los hijos, hasta la tercera y cuarta generación». Éxodo 34.6, 7

Las maldiciones generacionales pueden manifestarse de diferentes maneras:

- **Enfermedades mentales y emocionales**

  Éstas incluyen depresión, confusión y frustración. Hay personas que en la consejería pastoral dicen: "mi madre siempre vivía en continua depresión y yo estoy padeciendo de lo mismo" (herencia espiritual).

- **Enfermedades crónicas**

  Esto incluye todo tipo de enfermedad, tales como: cáncer, diabetes, presión alta, asma, artritis y más.

  «Jehová traerá sobre ti mortandad, hasta que te consuma de la tierra a la cual entras para tomar posesión de ella. Jehová te herirá de tisis, de fiebre, de inflamación y de ardor, con sequía, con calamidad repentina y con añublo; y te perseguirán hasta que perezcas». Deuteronomio 28.21, 22

- **Desintegración de la familia**

  Esto incluye situaciones, tales como: divorcio, adulterio, fornicación, homosexualismo, incapacidad de concebir, alcoholismo y drogadicción.

«Hijos e hijas engendrarás, y no serán para ti, porque irán en cautiverio». Deuteronomio 28.41

- **Pobreza continua**

  Deuteronomio 28.17-29. Se ve en personas que nunca pueden prosperar en lo material y viven en una continua pobreza. Si usted ha visto algunas de estas indicaciones en su vida, es una señal que hay una maldición generacional operando.

2. Pecado deliberado

Los creyentes podemos pecar contra el Señor por omisión o por comisión. El pecado de omisión es el pecado que se comete porque no nos damos cuenta o ignoramos, que lo que estamos haciendo, ofende al Señor. El pecado de comisión es aquella falta que se comete voluntariamente y a sabiendas que está mal hecho.

Cuando pecamos en una misma área de continuo, le estamos abriendo una puerta a los demonios. Para todo pecado voluntario, hay un demonio y este viene a operar en el área específica de nuestra debilidad.

Tomemos como ejemplo la ira. Todos sabemos que la ira es una emoción y la Palabra nos manda a no airarnos.

«Airaos, pero no pequéis; no se ponga el sol sobre vuestro enojo...» Efesios 4.26, 27

También, la Biblia define la ira como una obra de la carne. ¿Qué sucede si una persona deja que la ira se convierta en rabia, o que se ponga el sol sobre su enojo, es decir, deja que llegue la noche sin que haya perdonado? Esto abre la puerta a un espíritu inmundo de ira. Un pecado que se repite de continuo como acto premeditado y con conocimiento de causa abre la puerta a los demonios.

3. Los traumas o fuertes impactos emocionales

Cada vez que un trauma toma lugar en la vida de una persona, puede convertirse en una puerta abierta para que el enemigo venga a oprimir, a obsesionar o a posesionar una vida. Es por esta razón, que es necesario tomar las medidas necesarias para sanar el trauma y cerrar esa puerta rápidamente.

Tomemos como ejemplo a una niña que fue abusada por otra mujer cuando tenía 10 años. Cuando esta niña llegó a ser adulta, empezó a practicar el lesbianismo a causa del abuso sexual. Ella tenía deseos de estar con mujeres aunque sabía que era pecado; era algo compulsivo que no podía controlar. El abuso del cual ella fue victima le abrió la puerta a la influencia de un espíritu de lesbianismo.

Las personas abusadas en el área sexual toman dos tendencias: el sexo se les vuelve incontrolable y compulsivo o se vuelven frígidas y toman el sexo como algo asqueroso.

Pero, tenemos buenas noticias: Jesucristo vino a deshacer las obras del diablo.

«El que practica el pecado es del diablo, porque el diablo peca desde el principio. Para esto apareció el Hijo de Dios, para deshacer las obras del diablo». 1 Juan 3.8

En la mayoría de las liberaciones hechas en nuestro ministerio, hemos notado que los demonios entran a las personas durante la niñez. Sin lugar a dudas, sabemos que ése es el tiempo de mayor debilidad de los seres humanos.

Los padres cristianos necesitan comprender sus responsabilidades para proteger a sus hijos y, también, para saber cómo liberarlos de opresiones demoníacas. La primera pregunta que siempre hacemos a las personas es cómo fue su relación con sus padres. Esta pregunta abre las puertas para entrar a la ministración.

4. **Prácticas de ocultismo, brujería y falsas religiones**

La causa principal del ocultismo y la brujería es la idolatría. Dios claramente dijo que odiaba la idolatría de toda clase. Todo lo que incluya cualquier actividad de adorar a otros dioses es una puerta abierta para entrar en ocultismo, brujería y hechicería. También, es una forma de entrada de demonios en las personas. Cualquiera que visita a una brujo, hace un pacto con el enemigo ya sea directo o indirecto. Ese pacto hay que romperlo aún cuando se haya recibido a Cristo como nuestro Señor y Salvador para que el enemigo no tenga derecho legal en nuestras vidas. El castigo que paga una familia por la idolatría va hasta la cuarta generación, pero se corta cuando se conoce a Jesús y se ora rompiendo la maldición.

*«No tendrás dioses ajenos delante de mí. No te harás imagen, ni ninguna semejanza de lo que esté arriba en el cielo, ni abajo en la tierra, ni en las aguas debajo de la tierra. No te inclinarás a ellas, ni las honrarás; porque yo soy Jehová tu Dios, fuerte, celoso, que visito la maldad de los padres sobre los hijos hasta la tercera y cuarta generación de los que me aborrecen».
Éxodo 20.3-5*

5. El rechazo

El rechazo es otra puerta abierta para el enemigo, ya sea que haya tomado lugar desde el vientre de la madre, en la etapa prenatal por influencias negativas, tales como: deseo por parte de los padres de abortarlo, que el bebé sea producto de una relación fuera del matrimonio o que alguno de los padres sea irresponsable. También, cuando los padres tienen favoritismo entre sus hijos, cuando en el hogar hay contiendas y el matrimonio este a punto de romperse; cuando los cónyuges están amargados o no tienen tiempo para sus hijos. Todo esto provee una atmósfera perfecta para la presencia y actividad demoníaca

«Porque donde hay celos y contención, allí hay perturbación y toda obra perversa». Santiago 3.16

6. La imposición de manos

«No impongas con ligereza las manos a ninguno». 1 Timoteo 5.22

Cuando una persona impone sus manos sobre otra, se pone en operación una ley llamada: "ley del contacto y de la transmisión". A través de ella, una persona puede transferir el poder de Dios, el poder del enemigo o los espíritus inmundos. Los espíritus inmundos pueden ser transferidos de una persona a otra. Mucho cuidado con quién le impone manos. Considere que quien le imponga manos, sea un hombre o una mujer, un líder o un ministro que esté caminando en santidad e integridad.

Absalón transmitió un espíritu de rebeldía al pueblo de Israel a través de la seducción.

Un falso maestro puede transmitir un espíritu a una persona por medio de una enseñanza falsa.

Así como lo negativo se transmite, también se transmite lo positivo; como lo fue en los casos de Moisés y Josué; Elías y Eliseo. Ellos transmitieron la unción y la sabiduría a sus siervos a través de la imposición de manos.

7. Palabras ociosas

La palabra del Señor enseña que en la lengua está el poder de la vida y la muerte. Algunas veces, maldecimos y damos lugar a espíritus inmundos a través de nuestra boca. Esto es lo que llamamos maldiciones auto impuestas. Usamos expresiones, tales como: "yo siempre estoy enfermo", "estoy que me muero", "mis hijos son estúpidos y torpes", "yo deseo morirme". Estas palabras habladas imponen maldiciones y esto abre puertas al enemigo.

«*Mas yo os digo que de toda palabra ociosa que hablen los hombres, de ella darán cuenta en el día del juicio. Porque por tus palabras serás justificado, y por tus palabras serás condenado*». Mateo 12.36, 37

8. Alianzas del alma

Relaciones con personas impías, negocios fraudulentos, relaciones ocultas de adulterio y fornicación, de manipulación y control. Toda relación que sea secreta abre las puertas al enemigo.

9. Libros, videos y música

Cierto tipo de libros, películas y música son consagradas al diablo antes de distribuirse y, como resultado, toda persona que los use estará abriendo una puerta a los demonios. Hay muchos grupos musicales del mundo que hacen pactos con el enemigo para que les "vaya bien" en su carrera y para eso, consagran y dedican la música al enemigo.

10. Control mental

Cuando las personas se exponen a ser hipnotizadas o controladas mentalmente abren una gran puerta para que espíritus inmundos entren, ya que la mente se vuelve pasiva y la voluntad no puede obrar para aceptar o rechazar algo. Otras personas practican la telepatía, el "control mental Silva"para adquirir poderes síquicos o mentales), entre otros. El enemigo no entrará a influenciar una persona si ella no le da el **derecho legal.**

Es la voluntad propia la que le cede el terreno al enemigo y abre puertas a través de las cuales éste envía sus espíritus para influenciarnos. La solución está en reconocer que Dios nos ha llamado a vivir una vida santa y pura, y a desechar todo lo que no proviene de Él; de esta manera, el enemigo no tendrá lugar en nuestra vida.

~~~ 12 ~~~

Rompiendo Maldiciones

L as maldiciones generacionales son reales. Lamentablemente, hay muchas personas y aun ministros del evangelio que creen que las maldiciones no existen; pero claramente, la Biblia nos enseña que, Dios visitará la maldad de aquellos que no obedecen su Palabra, hasta la tercera y cuarta generación.

«No te inclinarás a ellas, ni las honrarás; porque yo soy Jehová tu Dios, fuerte, celoso, que visitó la maldad de los padres sobre los hijos hasta la tercera y cuarta generación de los que me aborrecen». Éxodo 20.5

«Y pasando Jehová por delante de él, proclamó: ¡Jehová! ¡Jehová! Fuerte, misericordioso y piadoso; tardo para la ira, y grande en misericordia y verdad; que guarda misericordia a millares, que perdona la iniquidad, la rebelión y el pecado, y que de ningún modo tendrá por inocente al malvado; que visita la iniquidad de los padres sobre los hijos y sobre los hijos de los hijos, hasta la tercera y cuarta generación». Éxodo 34.6, 7

Tomemos como ilustración el misionero que por muchos años molestó sexualmente a su propia hija y, como consecuencia, perdió su matrimonio y su ministerio. Eso es una maldición de incesto que también operó en su abuelo y en su padre.

Redimidos de la maldición

Hay personas que continuamente se encuentran viviendo fracasos, divorcios, rompimientos en la familia, y desgracias constantes. ¿Cómo es posible, que una persona, siendo creyente, todavía esté arrastrando maldiciones? La palabra del Señor nos enseña que Jesucristo nos redimió de la maldición de la ley.

«Cristo nos redimió de la maldición de la ley, hecho por nosotros maldición (porque está escrito; Maldito todo el que es colgado en un madero)». Gálatas 3.13

Entonces, si Jesús nos redimió, ¿por qué todavía un creyente camina y vive en maldición?

La palabra **redimir** significa rescatar o sacar de esclavitud, pagar la deuda en su totalidad. Para que podamos comprender, tenemos que saber lo que es "**legalmente** nuestro" y lo que es una "**experiencia** nuestra" (vivida).

Hay creyentes que saben que Jesús pagó por todos sus pecados, rebeliones, maldiciones, enfermedades y pobreza. Legalmente, eso fue lo que hizo Jesús, pagó por todo; sin embargo, hay cristianos que todavía no se han apropiado de lo que Él hizo en su totalidad. Eso no es algo que va a ocurrir instantáneamente, hay que ir a la cruz y apropiarse de ese regalo por medio de la fe.

nos ha dado Dios espíritu de cobardía, sino de poder, de amor y de dominio propio». 2 Timoteo 1.6, 7

Timoteo recibe la fe de su abuela Loida. La clase de fe que usted desarrolle ahora, será la herencia para sus hijos. Ésta es una ley de Dios que se pone en operación, y nosotros escogemos vida o muerte, maldición o bendición.

«A los cielos y a la tierra llamó por testigos hoy contra vosotros, de que os he puesto delante la vida y la muerte, la bendición y la maldición; escoge, pues, la vida, para que vivas tú y tu descendencia...» Deuteronomio 30.19

Algunas señales o indicaciones que nos hacen saber que hay una maldición:

- **Locura mental o emocional**

  Las dos palabras claves son confusión y depresión. Éstas, casi siempre, tienen sus raíces en el ocultismo. La mayor parte de las personas que han practicado el ocultismo y la brujería resultan en casos de locura mental, depresión, temores y más.

  «Y enloquecerás a causa de lo que verás con tus ojos». Deuteronomio 28.34

- **Enfermedades crónicas**

  Las enfermedades crónicas pueden ser causa de muerte en una familia por varias generaciones. Enfermedades que los médicos llaman genéticas o hereditarias, como por ejemplo: diabetes, presión alta, enfermedades del corazón, asma, cáncer, artritis, entre otras.

«Jehová traerá sobre ti mortandad, hasta que te haga desaparecer de la tierra a la cual vas a entrar para tomarla en posesión. Jehová te herirá de tisis, de fiebre, de inflamación y de ardor, con sequía, con calamidad repentina y con añublo, que te perseguirán hasta que perezcas». Deuteronomio 28.21, 22

A cierto pastor, le diagnosticaron "hemacromatosis", una enfermedad que hace producir demasiado hierro en la sangre, el cual es almacenado en órganos vitales, tales como: el hígado y el corazón. Este pastor renunció a la maldición de enfermedad hereditaria del padre y fue libre. También, nos hemos encontrado con casos de personas que tienen diabetes, cuyos padres han muerto de lo mismo y que cuando se rompe la maldición, quedan instantáneamente sanas y libres de esta enfermedad. Así mismo, puede ser con cualquier otro tipo de enfermedad.

- **La esterilidad**

Consiste en la incapacidad para concebir, debido a varias causas, tales como: tendencia a abortar, menstruación irregular, quistes, tumores y otras.

«Maldito el fruto de tu vientre, el fruto de tu tierra, la cría de tus vacas, y los rebaños de tus ovejas». Deuteronomio 28.18

- **Desintegración de la familia**

Muchos han sufrido esta maldición. Han visto sus hijos e hijas dedicados a la droga, al sexo, la música, toda forma de ocultismo, divorcios, viudez, madres solteras.

«Bendito el fruto de tu vientre, y el fruto de tu bestia, la cría de tus vacas, y los rebaños de tus ovejas». Deuteronomio 28.4

- **La pobreza o insuficiencia económica continua**

Esta maldición opera en algunas personas; no importa cuánto dinero ganen siempre viven en escasez, nunca pueden ver prosperidad en sus finanzas y el dinero se les va de las manos como agua.

«Por cuanto no serviste a Jehová tu Dios con alegría y con gozo de corazón, por la abundancia de todas las cosas, servirás, por tanto, a tus enemigos que enviare Jehová contra ti, con hambre y con sed y con desnudez, y con falta de todas las cosas; y él pondrá yugo de hierro sobre tu cuello, hasta destruirte». Deuteronomio 28.47, 48

- **Los accidentes violentos o antinaturales**

Se describen como aquellos que están antinaturalmente propensos a sufrir accidentes, tales como: error de un cirujano en la mesa de operaciones, atragantarse con una espina de pescado. En fin, todo accidente o problema físico que no sea normal y natural parece tener una atracción con estas personas.

- **Una secuencia de suicidios, muertes prematuras y antinaturales**

Con frecuencia, la persona que es afectada por este tipo de maldición experimenta un fuerte presentimiento. Estamos hablando de una realidad espiritual, de un enemigo invisible que tenemos que destruir. Una mujer que estuvo enferma toda su vida, renunció a este tipo de espíritu y fue totalmente libre.

¿Cómo es que estas maldiciones son ejecutadas? Un espíritu las ejecuta y las esparce a través de las personas que integran la familia.

«Pero este género no sale sino con oración y ayuno». *Mateo 17.21*

- **Las maldiciones autoimpuestas**

Son un tipo de maldiciones impuestas sobre nosotros mismos, por los dichos de nuestra propia boca.

«Mas yo os digo que de toda palabra ociosa que hablen los hombres, de ella darán cuenta en el día del juicio. Porque por tus palabras serás justificado, y por tus palabras serás condenado». Mateo 12.36, 37

«La muerte y la vida están en poder de la lengua, y el que la ama comerá de sus frutos». Proverbios 18.21

Hay tres pasos sucesivos para romper las maldiciones impuestas por nuestras malas confesiones:

* Arrepentirse por haber confesado algo malo.
* Revocar y cancelar las palabras dichas.
* Reemplazar la confesión con palabras de bendición.

¿Cuáles son las causas de las maldiciones generacionales?

«Como el gorrión en su vagar, y como la golondrina en su vuelo, así la maldición nunca vendrá sin causa». Proverbios 26.2

Las siguientes son algunas causas de las maldiciones generacionales:

1. **La idolatría.** ¿Qué es la idolatría? Es tener y reconocer a otro dios u otros dioses fuera del verdadero; es tener una figura o representación y adorarle. Dios castiga con juicio a la persona que es idólatra. ¡Muchas personas son engañadas creyendo que están alabando a Dios! Algunos lo hacen por una tradición familiar, otros lo hacen por ignorancia y otros saben la verdad, pero no quieren reconocer al Dios verdadero.

   «Porque las cosas invisibles de él, su eterna potencia y divinidad, se echan de ver desde la creación del mundo,

siendo entendidas por las cosas que son hechas; de modo que son inexcusables». Romanos 1.20

2. **El ocultismo.** Lo encubierto, lo escondido. Las prácticas de ocultismo siempre han sido una fascinación para el hombre caído. Hay tres grandes y fuertes aspiraciones de la naturaleza caída del ser humano: el deseo de saber, el anhelo de poder y la búsqueda de la satisfacción de sus necesidades.

Y esto lo hacen a través de fuentes naturales y fuentes sobrenaturales. Existen dos fuentes de conocimiento y de poder: la de Dios y la del enemigo (la legítima y la ilegítima). La maldición también viene por practicar el ocultismo.

« No sea hallado en ti quien haga pasar a su hijo o a su hija por el fuego, ni quien practique adivinación, ni agorero, ni sortílego, ni hechicero, ni encantador, ni adivino, ni mago, ni quien consulte a los muertos. Porque es abominable para Jehová cualquiera que hace estas cosas, y por estas cosas abominables Jehová, tu Dios, expulsa a estas naciones de tu presencia. Perfecto serás delante de Jehová, tu Dios».
Deuteronomio 18.10-13

3. **Toda forma de sexo ilícito o antinatural.** Tales como: homosexualismo, lesbianismo, bestialismo, adulterio, fornicación, incesto o todo aquello que sea ilícito e ilegal ante los ojos de Dios. *Levítico 18.1-25*

4. **No respetar ni honrar a los padres.** Hoy día, nos encontramos con muchos hijos e hijas a los que les va muy mal en la vida por no honrar a sus padres.

   «Hijos, obedeced en el Señor a vuestros padres; porque esto es justo. Honra a tu padre y a tu madre, que es el primer mandamiento con promesa, para que te vaya bien, y seas de larga vida sobre la tierra». Efesios 6.1-3

5. **Maldecir lo que Dios ha bendecido.** La palabra maldecir significa hablar mal de algo o de alguien. Cuando hay personas que hablan mal de un hijo de Dios o de algo que Dios ha declarado bendito, esa maldición se le devuelve. Toda persona sobre la cual Dios pronuncie una bendición, queda automáticamente expuesta al odio y a la oposición del enemigo.

   «Se agazapa y se echa como un león, como una leona. ¿Quién lo despertará? ¡Benditos sean los que te bendigan y malditos los que te maldigan!». Números 24.9

   «Pero Jehová había dicho a Abram: Vete de tu tierra y de tu parentela, y de la casa de tu padre, a la tierra que te mostraré; y haré de ti una nación grande, y te bendeciré, y engrandeceré tu nombre, y serás bendición. Bendeciré a los que te bendijeren, y a los que te maldijeren maldeciré: y serán benditas en ti todas las familias de la tierra». Génesis 12.1-3

6. Robar lo que le pertenece a Dios.

«Traed todos los diezmos al alfolí y haya alimento en mi Casa: Probadme ahora en esto, dice Jehová de los ejércitos, a ver si no os abro las ventanas de los cielos y derramo sobre vosotros bendición hasta que sobreabunde». Malaquías 3.10-12

Un ejemplo claro de esto son aquellas personas que no diezman ni ofrendan a Dios. Algunas veces, surge esta pregunta: ¿por qué les va mal en sus finanzas? Es que tienen una maldición por no dar a Dios lo que le pertenece.

7. **Injusticias cometidas.** Sobretodo, cuando la víctima es débil, viuda, huérfana, pobre o extranjera. Hay quienes han hecho mucho daño e injusticia a este tipo de personas y Dios los juzgará por eso.

8. **Maldiciones heredadas.** Son aquellas maldiciones que vienen en nuestra línea sanguínea, como por ejemplo: incesto, enfermedades, divorcios, mal carácter, rechazo, maldiciones sexuales y otras.

Algunas personas se preguntan: ¿Por qué la gente siempre está pobre? ¿Por qué siempre estoy enfermo? ¿Por qué mis hijos e hijas son homosexuales? ¿Por qué hay tantos divorcios en mi familia? ¿Por qué mis hijos están en las drogas? La respuesta está en la causa y en el efecto que hay en la vida. Se buscan soluciones en las ramas y no vamos a las raíces, es decir, la heredad de las personas. Hay muchos pastores que tratan de

solucionar los problemas de las personas super-
ficialmente y no saben que están tratando con
maldiciones generacionales; ésas son las raíces que
hay que cortar.

Pasos para romper las maldiciones y ser libres:

1. Reconozca sus pecados, los pecados de sus
   antepasados y tome responsabilidad por ellos.
   Arrepiéntase, confiéselos y pida perdón por ellos.
   Esto era algo que hacían muy a menudo los profetas del Antiguo Testamento: se ponían en el
   lugar del pueblo y de la nación y pedían perdón
   por ellos.

2. Rompa toda maldición en el nombre de Jesús y
   por la sangre del Cordero. Llámela por su nombre
   y cancélela con su boca.

3. Ordene a todo espíritu del enemigo detrás de la
   maldición que se vaya de su vida y de su familia.

4. Declare en voz alta que es libre, una y otra vez,
   hasta que usted sepa en su corazón que Dios le ha
   hecho libre.

   *«Cristo nos redimió de la maldición de la Ley,
   haciéndose maldición por nosotros (pues está escrito:
   «Maldito todo el que es colgado en un madero».
   Gálatas 3.13*

Hay que tener presente que cuando la persona está
dispuesta a romper con todo lo que tiene que ver con

la maldición, se dispone a obedecer a Dios y se afirma en cada una de las promesas que Él ha establecido, las bendiciones de Dios lo alcanzarán.

Áreas que Necesitan Liberación

A lgunas veces, nos encontramos con personas que necesitan liberación en alguna área
específica de su vida, como por ejemplo: el área
mental. Para poder ministrarles efectivamente, hay
que ir a todas las demás áreas y romper todo lo que el
enemigo ha traído a esta persona.

Existen ocho áreas en las cuales se debe ministrar
liberación y sanidad interior. A continuación, vamos a
estudiar cada una:

1. **Problemas mentales y emocionales**

   Éstas son perturbaciones que persisten en la mente
   y en las emociones. Algunas de las más comunes
   son: resentimiento, odio, ira, miedo, autocompasión, depresión, tormento mental, preocupación,
   celos, complejo de inferioridad e inseguridad,
   confusión y duda.

2. **Problemas en el área sexual**

   Estas opresiones vienen como resultado de
   prácticas sexuales fuera del matrimonio. Son
   pensamientos y actos sexuales sucios. Algunos
   ejemplos: fornicación, adulterio y desviacio-
   nes sexuales, tales como: homosexualismo,

lesbianismo, bestialismo, exhibicionismo, sadismo, masoquismo, lujuria, masturbación, pornografía, prostitución, aborto, incesto, fantasías sexuales y otros.

3. Problemas en el área del ocultismo

Todos los métodos para buscar conocimiento sobrenatural, sabiduría, guía y poder aparte de Dios están prohibidos por el Señor.

Algunas prácticas del ocultismo son: brujería, hechicería, espiritismo, adivinación, quiromancia (lectura de las manos), cartomancia (lectura de las cartas), magia negra y magia blanca, sectas religiosas (mormones, testigos de Jehová, entre otros), meditación trascendental, yoga, karate, santería, hipnotismo, tabla ouija, levitación, horóscopo y masonería.

4. Problemas de adicciones

Las adicciones más comunes son: la nicotina, el alcohol, las drogas, el sexo, la comida, el ejercicio compulsivo, las pastillas y cualquier otra droga. Hay personas que son esclavas a cualquiera de estas adicciones, y aunque quieren dejarlas no pueden, porque hay algo mayor que ellas que las controla.

5. Problemas de enfermedades físicas

Hay muchas enfermedades físicas que se deben a espíritus de enfermedad. Cuando se expulsa un demonio de enfermedad, siempre debe orarse por la sanidad de cualquier daño que haya causado. Hay una relación muy estrecha entre la liberación y la sanidad. Han habido casos de personas enfermas de epilepsia, artritis, asma, sordera, ceguera y otras, que en el momento en que se expulsa el espíritu inmundo de enfermedad son sanadas instantáneamente.

«Y había allí una mujer que desde hacía dieciocho años tenía espíritu de enfermedad, y andaba encorvada, y en ninguna manera se podía enderezar». Lucas 13.11

6. Problemas con la lengua

Esto es el uso incontrolado de la lengua, como el mentir, maldecir, blasfemar, criticar, calumniar y chismear.

7. Problemas de formas de control

Estos problemas vienen como resultado que la persona ha comprometido su alma. El alma se compromete cuando se tiene contacto con religiones falsas, tales como: testigos de Jehová, mormones, budismo, taoísmo, islamismo, hinduismo, entre otras. También, por pactos con el enemigo y por manipulación de una persona a otra: padres a hijos, esposos a esposas o viceversa.

8. Problemas de rechazo. "El síndrome del triple rechazo".

Cuando una persona fue rechazada en su niñez, adolescencia o edad adulta, siempre se le debe ministrar liberación y sanidad interior en las tres áreas del rechazo: raíz de rechazo, rechazo a sí mismo y temor al rechazo.

Claves para detectar si hay una posible influencia demoníaca en una persona:

- **Saber quién está en control.** ¿Está la persona totalmente en control, o se repite la frase de continuo: "yo he orado, confesado, clamado, ayunado y no puedo obtener la victoria sobre este pecado"? Cuando orar, clamar y ayunar no es suficiente, significa que hay una influencia demoníaca sobre esa persona, y por lo tanto, por más que quiere, no puede controlar ese problema. Necesita ser liberada.

- **Un sentimiento de total falta de esperanza** sobre una emoción o una situación. No solamente es una falta de esperanza, sino también resentimiento, odio y amargura; y aun cuando se confiesan, esos sentimientos no se van porque provienen de una influencia demoníaca.

- **Por revelación divina.** Cada vez que se está ministrando sanidad interior y liberación es necesario depender total y absolutamente del Espíritu Santo. Algunas veces, las personas se olvidan de cosas que es necesario que se traten para que sean libres; pero el Espíritu Santo nos guía y nos habla al respecto.

- **El valor de las preguntas específicas.** El cuestionario que es usado por el ministerio de liberación es importante, valioso y realmente necesario que se haga completo (contestando todas las preguntas), porque éste nos ayuda a identificar cada problema. (más adelante, daré más información acerca del cuestionario)

- **Lenguaje del cuerpo.** Los que ministran liberación a las personas tienen que estar atentos a las señales físicas que podrían indicar un problema con el aconsejado, que a lo mejor ni él ha visto, y que se lo niega a sí mismo o que ha olvidado mencionarlo. Estas señales incluyen: no mirar a los ojos, nerviosismo, olor a alcohol, nicotina, inquietud, sueño.

- **Por descubrimiento o sentido común y síntomas.** Jesús, cuando estaba en la tierra, encontró a la gente bien familiarizada con los demonios. Por ejemplo, la mujer sirofenicia. Esta mujer llegó a Jesús para rogarle que expulsara a un espíritu inmundo de su hija y dijo: "mi hija es gravemente atormentada por un demonio". ¿Cómo ella sabía esto? Ella descubrió que era un demonio por los síntomas. Es importante hacer notar que cuando una persona tiene problemas con su carne, si vive en el espíritu, le es fácil controlar esa atadura o vicio, pero si hay una influencia demoníaca, aun en tiempo de ayuno y de oración le resulta difícil controlarla.

«Levantándose de allí, se fue a la región de Tiro y de Sidón. Entró en una casa, y no quería que nadie lo supiera; pero no pudo esconderse. Una mujer, cuya hija tenía un espíritu impuro, luego que oyó de él vino y se

postró a sus pies. La mujer era griega, sirofenicia de origen, y le rogaba que echara fuera de su hija al demonio. Pero Jesús le dijo: —Deja primero que se sacien los hijos, porque no está bien tomar el pan de los hijos y echarlo a los perros. Respondió ella y le dijo: — Sí, Señor; pero aun los perros, debajo de la mesa, comen de las migajas de los hijos. Entonces le dijo: —Por causa de esta palabra, vete; el demonio ha salido de tu hija. Cuando la mujer llegó a su casa, halló a la hija acostada en la cama, y que el demonio había salido de ella». Marcos 7.24-30

¿Qué tipos de individuos necesitan liberación y sanidad interior?

- Individuos que fueron dados en adopción o que se contempló la idea de abortarlos.

- Individuos que fueron abandonados por los padres.

- Individuos que han sido huérfanos y rechazados.

- Individuos que fueron víctimas de algún abuso cuando eran niños.

- Individuos que fueron abusados, violados, acariciados o molestados sexualmente.

- Individuos que han tenido enfermedades crónicas durante toda su vida.

- Individuos que tienen un historial de enfermedad en su línea sanguínea. Por ejemplo: cáncer, diabetes, etcétera.

- Individuos que tienen un hábito incontrolable, y han probado con ayuno, oración y firme esfuerzo de parte de su voluntad sin poder vencerlo.

- Individuos que tienen o padecen de miedos persistentes e incontrolables de todo tipo.

- Individuos que sufren rechazo, depresión, soledad, desesperación y pensamientos de suicidio.

- Individuos que están obsesionados por deseos sexuales o que son anormalmente frígidos en el área sexual.

- Individuos que tienen deseos y pensamientos de estar sexualmente con personas del mismo sexo.

- Individuos que tienen sentimientos de culpa y condenación.

- Individuos que encuentran dificultad para perdonar a otro.

- Individuos que tienen resentimiento contra Dios o que blasfeman en contra de Él. Una persona resentida tiende a decir: "¿Dios, por qué permitiste que me sucediera esto?".

- Individuos que estuvieron en zonas de guerra o en combate.

- Individuos que constantemente están enojados, tímidos y avergonzados.

- Individuos que practican o practicaron la homosexualidad, lesbianismo, transexualismo.

- Individuos que practicaron o participaron en el ocultismo, en la adoración satánica, en la astrología o en la santería.

- Individuos que han estado en una secta religiosa o que son religiosos.

- Individuos que han participado o se han sometido a un aborto.

- Individuos que tienen deseos compulsivos de destruir a otras personas.

- Individuos que tienen sentimientos de odio o amargura hacia alguna persona, raza o grupo.

- Individuos que se deprimen frecuentemente.

- Individuos que han sido diagnosticados con esquizofrenia.

- Individuos que han sido expuestos a la pornografía.

- Individuos adictos a la comida, al alcohol, a las drogas, al sexo o a la masturbación.

- Individuos que tienen un historial de perversión sexual.

- Individuos que sienten celos intensos de otros.

- Individuos que estuvieron envueltos en yoga y en las artes marciales.

- Individuos que son mentirosos crónicos.

- Individuos que chismean, maldicen y murmuran constantemente.

- Individuos que han sido rebeldes y desobedientes toda su vida.

- Individuos que han asesinado a alguien o tienen deseos de matar a alguien.

- Individuos que odian a los niños.

- Individuos que tienen lujuria en los ojos.

Éstos son algunos casos de personas que podrían necesitar ser ministrados; por esa razón, es importante hacer el cuestionario.

Cuando estamos delante del ministro de liberación, es fundamental ser honesto y transparente. Para que la liberación sea efectiva, debemos reconocer y confesar todo lo concerniente a las áreas mencionadas y cuando somos honestos, el poder de Dios nos hace libres.

CAPÍTULO

ৎৎৎ **14** ৵৵৵

La Esquizofrenia

La esquizofrenia es un problema muy común. Los especialistas en el área mental, calculan que puede haber algo así como cincuenta millones de esquizofrénicos en los Estados Unidos, es decir, una de cada ocho personas. Los esquizofrénicos constituyen más o menos la mitad de la población en los hospitales psiquiátricos de los Estados Unidos.

¿Qué es la esquizofrenia?

La **esquizofrenia** es una perturbación, una distorsión de la realidad en el desarrollo de la personalidad, caracterizada por la ruptura de contacto con el mundo exterior. También, la podemos definir como una doble personalidad que causa inestabilidad.

«El hombre de doble ánimo es inconstante en todos sus caminos». Santiago 1.8

De acuerdo a la Escritura, podemos definir esquizofrenia de la siguiente manera:

«Porque siendo como es, un hombre de dos mentes, vacilante, dudoso, es inestable y no se puede confiar en él porque es inseguro en todo, en lo que hace piensa, siente y decide». Santiago 1.8

Lamentablemente, cuando los miembros de las iglesias tienen este tipo de problema, los ministros los refieren a un siquiatra o a un sicólogo porque no han encontrado la solución para la esquizofrenia. Algunas veces, se toman métodos y programas del mundo para aplicarlos en la iglesia, olvidando o desconociendo que Jesús nos ha dado el poder y la autoridad para liberar a toda persona de cualquier atadura.

La personalidad del esquizofrénico es la persona real que nunca se ha desarrollado debido a una interferencia demoníaca. Las influencias demoníacas de **rechazo** son las internas y las de **rebelión** son las externas. Han tomado control causando una separación de la personalidad: una interna y otra parte externa.

Para una persona con esquizofrenia, es un choque emocional muy fuerte encontrarse con la parte de su personalidad que no es su verdadero "yo" y puede estar temerosa de descubrir su verdadera personalidad. Necesita tiempo para ajustarse, darse cuenta y aceptar las falsas personalidades demoníacas. La esquizofrenia empieza con rechazo, el cual abre la puerta para la rebelión. Este patrón se inicia en la niñez. Algunas veces, puede ser heredado.

Las tres áreas principales que el esquizofrénico debe conquistar para ser libre son: **el rechazo, la rebeldía y la raíz de amargura**. A medida que estas áreas son conquistadas, la "casa", es decir, la vida de la persona se debe llenar con la palabra de Dios para poder dar y recibir amor, se debe someter a una autoridad válida, a Dios primeramente, y a su cobertura espiritual y perdonar a todas las personas sin tener en cuenta las circunstancias. Cuando se conquistan estas tres áreas, los otros espíritus relacionados pierden fuerza.

La liberación de la esquizofrenia es la más profunda, la que exige más compromiso, la más definida y la más difícil de todas las liberaciones que se pueden encontrar. Además, se logra progresivamente y cuando la persona pone mucho de su parte.

Los espíritus que operan detrás del rechazo incluyen: fantasía, lujuria, suicidio, culpa, orgullo, soledad, temor, abandono, autocompasión, afecto desordenado por los animales y auto rechazo.

Los espíritus que operan detrás de la rebelión incluyen: egoísmo, orgullo, violencia, terquedad, amargura, ira y rencor.

El esquizofrénico siempre es vacilante, inseguro, indeciso e inestable. Esta inestabilidad le dificulta arreglar o enfrentar los problemas sin hundirse, ya sea en el rechazo o en la rebelión. Un hombre de doble ánimo o de doble personalidad es inestable en todos sus caminos.

¿Cuál es la solución para la esquizofrenia? La solución se obtiene al pasar por liberación a través del nombre de Jesús y la unción del Espíritu Santo, llegando a tener una personalidad estable formada en Cristo Jesús.

La Liberación para los Niños

Las verdades aprendidas de la palabra de Dios nos enseñan que los niños pueden estar influenciados por los demonios. Lo vemos con el niño epiléptico y la hija de la mujer sirofenisa.

Recordemos que los niños no son capaces de buscar ayuda por sí mismos; por lo tanto, es responsabilidad de los padres, como cabeza del hogar, buscar la liberación para ellos. ¿Pueden los niños estar influenciados por demonios? La respuesta es... sí.

«Al día siguiente, cuando descendieron del monte, una gran multitud les salió al encuentro. Y he aquí, un hombre de la multitud clamó, diciendo: Maestro, ruego que veas a mi hijo, pues es el único que tengo; y sucede que un espíritu le toma, y de repente da voces, y le sacude con violencia, y le hace echar espuma, y estropeándole, a duras penas se aparta de él. Y rogué a tus discípulos que le echasen fuera, y no pudieron. Respondiendo Jesús, dijo: ¡Oh generación incrédula y perversa! ¿Hasta cuándo he de estar con vosotros, y os he de soportar? Trae acá a tu hijo. Y mientras se acercaba el muchacho, el demonio le derribó y le sacudió con violencia; pero Jesús reprendió al espíritu inmundo, y sanó al muchacho, y se lo devolvió a su padre».
Lucas 9.37-42

«Levantándose de allí, se fue a la región de Tiro y de Sidón; y entrando en una casa, no quiso que nadie lo supiese; pero no pudo esconderse. Porque una mujer, cuya hija tenía un espíritu inmundo, luego que oyó de él, vino y se postró a sus pies. La mujer era griega, y sirofenisa de nación; y le rogaba que echase fuera de su hija al demonio. Pero Jesús le dijo: Deja primero que se sacien los hijos, porque no está bien tomar el pan de los hijos y echarlo a los perrillos. Respondió ella y le dijo: Sí, Señor; pero aun los perrillos, debajo de la mesa, comen de las migajas de los hijos; Entonces le dijo: Por esta palabra, ve; el demonio ha salido de tu hija. Y cuando llegó ella a su casa, halló que el demonio había salido, y a la hija acostada en la cama». Marcos 7.24-30

La liberación no sustituye:

- El amor que un niño necesita
- Un hogar estable
- Corrección, adiestramiento y disciplina apropiada
- Protección, cuidado, afecto, ternura, aceptación y seguridad.

Es importante saber que los padres pueden y deben ministrar liberación a sus hijos porque son su cobertura espiritual y tienen autoridad sobre ellos.

¿Cómo ministrar a los niños de acuerdo a la edad?

- Desde el nacimiento hasta los cuatro años de edad, no es necesario darles alguna explicación acerca de la ministración, debido a que los demonios no están envueltos en la voluntad del niño.

- De los 4 a los 6 años de edad, se le da una pequeña y simple explicación al niño.

- De los 6 a los 12 años, su voluntad está envuelta y su cooperación es requerida. Se le ministra de la misma manera que a un adulto, excepto que se deben usar palabras simples para que el niño pueda entender.

A los niños, se les debe ministrár calmada y tranquilamente. Se debe distinguir entre el niño y el demonio, tratando firmemente al demonio, pero siendo compasivo con el niño. Cuando esté ministrándolo, procure no distraerse, porque llore o busque su consuelo; manténgalo quieto. No se debe gritar, pues podría asustarlo.

Algunas formas de opresión satánica sobre los niños:

- **Ataduras.** El enemigo les impide hacer lo correcto, como decir: "lo siento" cuando ellos saben que han hecho algo incorrecto; perdonar a otros, ser honestos, obedientes, respetuosos y diligentes.

- **Dominaciones.** El enemigo les hace hacer cosas que ellos saben que son incorrectas, y no quieren hacer. Por ejemplo: airarse, ser testarudos, desobedientes, engañosos, tener actos lascivos y otros.

- **Opresiones.** A menudo, Satanás molesta a los niños por medio de una variedad de temores. Él también los hace estar ansiosos por razones no aparentes, causando que ellos se opongan a las cosas espirituales.

- **Aflicciones.** Los niños quizá podrían experimentar una serie de contratiempos y accidentes, sufrir de enfermedades repetidamente o de alergias de todo tipo.

- **Los padres traen opresión a sus hijos.** La mayoría de los padres pasan por alto la posibilidad de que ellos pueden ser la causa básica de los problemas de sus hijos. Los padres necesitan ser libres de sus propios problemas antes de ministrar liberación a sus hijos. La liberación de los niños puede comenzar con los padres, buscando éstos libertad en Cristo de opresiones demoníacas.

Algunas opresiones demoníacas sobre los padres que pueden oprimir a los hijos:

- **Maldiciones generacionales.** Esto incluye ocultismo, brujería, adicciones de todo tipo, ansiedad, perocupación, depresión, problemas mentales, suicidio, prácticas sexuales ilícitas, religiosidad, rechazo, enfermedades y alergias.

- **Opresiones causadas antes de ser salvos.** Aparte de las maldiciones hereditarias, los niños pueden venir a ser oprimidos por causa del pecado de sus padres antes de ser salvos. Si a los padres no se les ha ministrado liberación cuando fueron salvos, tales actividades demoníacas pasadas pueden influenciar a sus hijos en el presente.

- **Posesiones de la familia con un origen satánico.** Algunas veces, los padres tienen objetos religiosos, videos y revistas pornográficas, videos de terror y violencia, dragones, películas con escenas de violencia, entre otros. Inclusive, algunos juguetes que los padres compran a sus hijos, tales como: "power rangers", pokemon, tortugas ninja y otros más. Todos estos objetos deben ser desechados.

¿Cómo ministrar liberación a sus hijos?

Nunca use la palabra demonio cuando le está hablando a los niños acerca de sus problemas, use términos tales como: "influencias espirituales" o "las malas cosas que vinieron en la familia que pueden arruinar su vida". Evite causarles temor. Si usted ora por liberación, primero tome tiempo para sentarse y hablar con cada niño acerca de lo que va a pasar o suceder.

Pasos para orar por los niños:

- **¿Quién debe orar por los niños?** Cada padre, siempre y cuando haya sido liberado primero. Los padres tienen más autoridad para orar por sus hijos que cualquier otra persona, porque son su cobertura espiritual.

- **¿Cómo orar por ellos?** Ponga las manos en la frente o la cabeza del niño. Si el niño es mayor de cinco años, llévelo a renunciar y orar firmemente. Si el niño no quiere cooperar o renunciar, ore usted mismo y ocurrirá la liberación.

- **¿Por qué orar?** Escriba una lista de problemas obvios que el niño tiene, tales como: problemas hereditarios, adicciones, problemas mentales, rechazo. Usted debe orar así: "espíritu de ira te ordeno que sueltes a mi hijo en el nombre de Jesús!" "Espíritu de rechazo te ordeno que te vayas de mi hijo en el nombre de Jesús!". Nómbrelos uno tras otro.

- **¿Qué hacer en la oración?** Simplemente, hablele naturalmente al Señor y déle gracias por Su obra completa en la cruz del Calvario. Déle gracias porque vino a destruir las obras del diablo y en el nombre de Jesús, ate y eche fuera todos los espíritus que tiene en su lista.

  Recuerde que, es más fácil echar fuera demonios de los niños que de los adultos, debido a que por su corta edad, no están tan arraigados como en los adultos.

- **¿Qué hacer finalmente?**

  - **Limpieza:** Continúe con sus manos sobre el niño y pídale al Señor que limpie cada parte de la personalidad de él, en la cual el demonio ha persistido. Esto incluye su mente, su corazón, su voluntad, las partes del cuerpo, particularmente las áreas sexuales, el sistema respiratorio o, en algunos casos, el pecho.

  - **Llenura:** Pida al Señor que llene al niño con su amor, con su presencia y con su paz.

- **Sanidad:** Aprópiese de la sanidad física, especialmente, de aquellas partes del cuerpo que hayan sido afectadas.

Es importante orar continuamente por los niños. Recuerde que, ellos son más susceptibles en las áreas espirituales y tienden a absorber lo espiritual más rápidamente que cualquier adulto. Al entender esto en forma precisa, comprenderá que ellos necesitan continua orientación en la palabra de Dios y el toque de la presencia de Dios.

CAPÍTULO

ৡৡৡ **16** ৵৵৵

Cómo Ministrar Liberación

H emos llegado a la parte más importante de este libro, que es cómo ministrar liberación a las personas. Es aquí donde debemos aplicar todo lo que hemos aprendido en los capítulos anteriores.

Hoy día, se usan diferentes métodos y técnicas, pero siempre es importante depender de la guianza del Espíritu Santo de Dios.

Antes de estudiar los pasos de liberación, veamos algunos obstáculos por los que muchas personas no pueden recibir su liberación.

Obstáculos que impiden recibir liberación:

La mayor parte de las personas a las que les hemos ministrado liberación, la han recibido, pero no todas. ¿Por qué? Porque hay obstáculos que lo impiden, y éstos son algunos:

1. **Falta de arrepentimiento.** Cuando no hay un reconocimiento ni un dolor genuino por haber ofendido a Dios, difícilmente se sentirá el deseo de cambiar; por lo tanto, Dios no puede obrar. Sin embargo, si existe un verdadero arrepentimiento el Espíritu Santo podrá obrar y habrá un cambio de dirección, tanto en la mente como en el

corazón. La vida de esta persona dará un giro de 180 grados. Jesús dijo: «*arrepentíos y creed*». *Marcos 1.15.* Nadie puede creer si antes no se ha arrepentido.

2. **Falta de desesperación por su situación y el deseo de cambiar.** La persona tiene que sentirse hastiada de su situación, a tal grado, que llegue a aborrecer el estado en que vive. El temor de Dios tiene que llenar su corazón. No se trata solamente de no estar de acuerdo con su propio pecado o fracaso, sino más bien, de odiarlo. Hasta que no lleguemos a odiar eso que nos ata, Dios no nos podrá liberar. La duración de la ministración es diferente para cada persona. He orado por personas una sola vez y quedan libres, mientras que con otros toma más tiempo. La liberación es para las personas que están desesperadas y que tienen el deseo real de ser libres.

3. **Egoísmo – deseo de atención.** Algunas personas se sienten ignoradas y poco importantes. En el fondo de su corazón, no desean ser libres, sino que lo que realmente están buscando es llamar la atención de la gente constantemente. Si llegasen a ser libres, no le darían la gloria a Dios.

4. **No confesar un pecado específico.** Algunas veces, un pecado específico no confesado deja la puerta abierta al enemigo, y mientras éste tenga un lugar en nosotros, no se va a ir.

«La luz verdadera que alumbra a todo hombre venía a este mundo». Juan 1.9

«...ni deis lugar al diablo». Efesios 4.27

5. **Ser parte de una batalla mayor.** Hay personas a las que el enemigo no quiere soltar porque, en las manos de Dios, son piezas estratégicas para la bendición de mucha gente. Si estas personas llegaran a experimentar liberación, por su testimonio, serían un instrumento de salvación para la familia y para muchas otras personas a su alrededor. Esto sucede, especialmente, cuando Dios tiene un propósito grande con ellas.

6. **La falta de perdón.** Si una persona no logra perdonar en su corazón, es imposible que Dios la libere. El perdonar es una parte tan esencial en la liberación, que si eso no toma lugar, el resto tampoco podrá funcionar.

7. **Incredulidad y duda.** Hay personas a las cuales les ministra liberación, pero en su corazón, están dudando que realmente pueda suceder algo; no han tomado la obra redentora de Jesús para sí. Recuerde que esto se recibe por fe.

8. **Relación y alianzas con almas impías.** Hay personas que buscan ser libres, pero todavía están ligadas a relaciones ilícitas, y eso les impide recibir su liberación. Por ejemplo, las personas que están viviendo en adulterio y fornicación no pueden ser

liberadas hasta que renuncien y abandonen totalmente el pecado.

Obstáculos por los cuales algunos ministros fallan al ministrar liberación:

*   **No son vasos limpios.** Hay ministros tratando de impartir liberación a otras personas, pero ellos a su vez, están pasando por el mismo problema, y eso les impide poder liberarlas.

*   **No gozan de una vida devocional con Dios.** Nótese lo que dice el libro de *Mateo 17.21: «Este género no sale sino con oración y ayuno».* Para cierto rango de demonios, se necesita de más poder para echarlos fuera. Esto requiere de más ayuno y oración. Definitivamente, no se puede ministrar liberación sin tener tiempo de oración, estudio de la Palabra y una total dependencia del Espíritu Santo.

*   **Falta de compasión hacia las personas.** Si al ministrar a una persona no se siente compasión por ella y deseos fervientes de llevarla a la libertad, no se podrá orar con la misma intensidad y compromiso, y es más difícil que pueda recibir liberación.

*   **Usan técnicas inapropiadas.** Algunos ministros tratan de ministrar manipulando y controlando a la persona; en vez de hacerlo por medio de la guía y voluntad del Espíritu Santo.

- **Olvidan que la causa puede no ser espiritual.** Las causas del problema, también pueden ser de origen orgánico, tales como: mala nutrición, desequilibrio hormonal o daño cerebral. Otra causa podría ser una obra de la carne, y no necesariamente una opresión satánica.

Lo que no se debe hacer en una liberación:

- No dé consejos como éste: "yo sé exactamente cómo se siente usted, entréguele su carga al Señor". Si ellos realmente supieran rendirse al Señor, no necesitarían de su ayuda.

- No trate de echar fuera todos los demonios en una sola sesión. Aconsejo que una liberación no debe durar más de dos horas, de lo contrario, usted se agotará y el aconsejado también.

- No se convierta en una muleta permanente. Debemos enseñarle a las personas a practicar la autoliberación y a depender de Dios, no de nosotros.

- Durante una ministración no es aconsejable que el ministro esté solo con un miembro del sexo opuesto. Siempre trate de trabajar con un compañero de oración.

- Sea cuidadoso con el contacto físico.

- No ministre cuando esté cansado.

¿Qué debemos hacer en la liberación?

Toda persona que va a ministrar liberación debe tener en cuenta lo siguiente:

- **Someterse a sí mismo a liberación primero.** Recuerde que usted debe ser libre antes de liberar a otros; y no solamente una vez, sino todas las veces que lo necesite.

- **Ser bautizados con el Espíritu Santo.** Esto nos ayudará a estar abiertos a las manifestaciones del Espíritu Santo.

- **Usar las armas que Dios ha dado.** Revístase con la armadura espiritual.

  «Vestíos de toda la armadura de Dios, para que podáis estar firmes contra las asechanzas del diablo...» *Efesios 6.11*

  Conozca el poder del nombre de Jesús. Busque y mantenga su unción y su autoridad. También, maneje con denuedo la palabra de Dios, que es poder y espada de doble filo.

  «²La palabra de Dios es viva, eficaz y más cortante que toda espada de dos filos: penetra hasta partir el alma y el espíritu, las coyunturas y los tuétanos, y discierne los pensamientos y las intenciones del corazón». *Hebreos 4.12*

Pasos para ministrar liberación:

1. **Asegurarse que la persona haya "nacido de nuevo".** Si la persona no es salva, debemos presentarle el plan de salvación y llevarla a que reciba a Cristo en su vida. Si se le ministra liberación sin cumplir con este requisito, la condición de esa persona vendrá a ser peor porque Cristo no es su Señor.

2. **Preparar a la persona.** Debemos darle consejos importantes, tales como:

   • Debe desear ser libre.

   • Debe estar dispuesta a perdonar a aquellos, cuyas ofensas son la causa de sus problemas. Si por el momento, esto le resulta muy difícil de hacer a la persona, posponga la cita hasta que esté dispuesta a perdonar.

   • La persona debe hacer un compromiso serio de dejar de pecar, de romper malos hábitos, y a veces, hasta de dejar algunas amistades; es decir, hacer todo lo necesario para lograr sanarse.

   • Debe prometer mantenerse cerca de Dios, asistir a la iglesia, leer la Biblia y orar diariamente.

3. **Usar el cuestionario.** El cuestionario ayudará mucho para poder ministrar al aconsejado efectivamente. Se le harán preguntas en cinco áreas de su vida, cuyas respuestas le ayudarán a

encontrar la raíz de los problemas al no omitir nada. Por tal razón, es muy importante que la persona conteste todas las preguntas.

Las áreas en las que se liberan las personas son: el área emocional, mental, espiritual (de brujería y ocultismo), sexual y otras.

Habrán ciertos detalles que no estarán incluidos en el cuestionario; por tanto, debemos escribir cada experiencia que el aconsejado nos cuente. En cada área, debemos hacer una lista con los nombres de los espíritus que están influenciando a la persona. Por ejemplo, si fue abusada sexualmente, los espíritus que podrían estar influenciándola son los de: lujuria, adulterio, fornicación, lascivia, sodomía y frigidez.

4. **Guiar al arrepentimiento y al perdón.** Una vez reunida toda la información acerca de los problemas de la persona, procedemos a que se arrepienta y pida perdón al Señor por los pecados cometidos. Si a esa persona alguien la ha herido, necesita pedir perdón a Dios por guardar rencor en su corazón y perdonar a aquellos que le han herido.

5. **Llevar a renunciar.** Ésta es la etapa donde se lleva a la persona a renunciar a cada problema y espíritu descrito en la lista que se hizo. ¿Por qué es necesario el acto de renunciar? Cuando una persona renuncia, lo que está haciendo es quitarle todo el derecho legal al enemigo sobre su vida. En

los capítulos anteriores, vimos cómo se le da derecho legal al enemigo, cómo viene a influenciarnos y cómo se le abren las puertas. Ahora vemos que renunciar es el medio por el cual le quitamos ese derecho legal y le cerramos las puertas al enemigo. Recuerde que cuando la persona está renunciando, debe repetir la oración, pasando por cada área de su vida en la que necesite liberación. Por ejemplo: "Renuncio a todo espíritu de rechazo y lo echo fuera de mi vida, en el nombre de Jesús, ¡amén!"

«Enseñándonos que, renunciando a la impiedad y a los deseos mundanos, vivamos en este siglo sobria, justa y piadosamente». Tito 2.12

6. **Hacer oración de guerra espiritual.** Una vez que la persona ha renunciado verbalmente, repitiendo todo como el ministro la ha guiado, éste debe hacer la oración de guerra, echando fuera cada espíritu, maldición o problema emocional. Se debe orar por la persona con firmeza y autoridad. Por ejemplo: "Padre celestial, yo echo fuera todo espíritu de rechazo, echo fuera todo espíritu de temor en el nombre de Jesús, y por la sangre del Cordero, yo lo ato y lo echo fuera de la vida de esta persona; ahora mismo le ordeno que lo suelte".

¿Cuáles son las señales para saber que el espíritu se ha ido o ha salido? Las señales "visibles" son: bostezar, vomitar, toser, suspirar, rugir, exhalar, gritar, eructar, gemir, jadear o llorar. Recuerde que éstas son algunas señales, pero no significa que si no hay ninguna manifestación, la persona no haya sido libre. Hay algunas personas que son libres sin manifestación física. Si los demonios tratan de ponerse violentos, ordéneles que se callen y que no se muevan. De ninguna manera, se debe permitir que ellos controlen una sesión de liberación.

7. **Orar por limpieza.** Pidiendo al Señor que limpie cada parte de la personalidad del individuo que los espíritus hayan dañado. Esto incluirá su mente, su corazón y su voluntad y, también, las partes del cuerpo, particularmente, las áreas sexuales. Por ejemplo: "Padre celestial, te pido ¡ahora Señor!, limpies aquellas áreas de la mente de esta persona que fueron dañadas por el enemigo. Señor, limpia sus órganos sexuales por medio de la sangre de Cristo. Limpia, Señor, aquellas partes de su alma y de su voluntad en el nombre de Jesús, amén".

8. **Orar por llenura.** Recordemos que cuando los espíritus salen de la persona, ésta queda vacía; y necesita ser llenada por Dios. Pídale al Señor que la llene con su presencia, paz y amor. Por ejemplo: "Padre celestial, te pido que llenes a (nombre de la persona) de paz, de amor y de tu presencia. Señor, llena todos los vacíos que han dejado estos espíritus, ahora mismo en el nombre de Jesús, amén".

El aconsejado debe apropiarse de la sanidad física, especialmente, en aquellas partes del cuerpo que hayan sido afectadas. Hemos ministrado a personas con problemas en la vista, y cuando se reprendió al espíritu que estaba operando en su cuerpo, han quedado totalmente sanas. Algunas personas necesitarán más de una sesión de liberación, pues es demasiada la carga que traen, y una sesión, a veces, no es suficiente. Sin embargo, en la mayoría de las veces, las personas reciben su liberación en una sola sesión.

La autoliberación

La pregunta que siempre ha surgido en el área de la liberación es: ¿es posible que nosotros mismos podamos ministrarnos liberación sin tener que ir a un consejero? Ciertamente nosotros mismos sí podemos autoliberarnos, siguiendo los mismos pasos que expliqué anteriormente, pero con la excepción de que no habrá alguien que nos esté guiando.

Los creyentes tenemos el poder y la autoridad dados por Dios para echar fuera demonios de otras personas y de nuestra propia vida. ¿Cómo hacemos esto? Refiérase a los pasos para ministrar la liberación anteriormente mencionados.

¿Cómo mantener la liberación?

1. Desarrollar una vida continua de oración.

Jesucristo habló de velar y orar para no caer en tentación. Una de las cualidades que desarrollamos en la oración, es el dominio propio. Esta virtud es la que nos permite no ceder ante la tentación y permanecer firmes.

«Velad y orad para que no entréis en tentación; el espíritu a la verdad está dispuesto, pero la carne es débil». Mateo 26.41

«Orad sin cesar». 1 Tesalonicenses 5.17

2. Leer y estudiar la Palabra de Dios.

El permanecer en la lectura y en el estudio de las escrituras es muy importante, ya que llena los vacíos que quedan en nuestra vida después de ser liberados. La palabra de Dios debe ser el ancla que sostiene firme cada alma. Nadie puede retener su liberación si no dedica tiempo para leer, meditar y confesar la palabra de Dios. Confiese versículos bíblicos que hablen acerca de la liberación sobre su vida.

«La palabra de Dios es viva, eficaz y más cortante que toda espada de dos filos: penetra hasta partir el alma y el espíritu, las coyunturas y los tuétanos, y discierne los pensamientos y las intenciones del corazón». Hebreos 4.12

«Lámpara es a mis pies tu palabra y lumbrera a mi camino». Salmo 119.105

3. Congregarse de continuo en la iglesia.

La oveja que se aparta del rebaño es la que corre más peligro de que el enemigo la destruya. Congregarse le permitirá compartir y desarrollar compañerismo con otros hermanos, que le pueden ayudar a crecer espiritualmente. Usted debe someterse a la autoridad de su pastor y darle cuentas de cómo le va después de la ministración.

4. Crucificar la carne y el ego.

Tome su cruz diariamente y siga al Señor Jesucristo. Rompa todos los viejos patrones y hábitos que le han mantenido ligado a los espíritus malignos. Debemos estar dispuestos a negarnos a nosotros mismos y a crucificar nuestra propia carne. Si los apetitos y los deseos de la carne no se llevan a la cruz, se deja una puerta abierta para que los demonios regresen.

«Y decía a todos: — Si alguno quiere venir en pos de mí, niéguese a sí mismo, tome su cruz cada día y sígame». Lucas 9.23

«...y el que no toma su cruz y sigue en pos de mí, no es digno de mí». Mateo 10.38

5. Apartarse del pecado.

El separarse del pecado implica separarse de lugares, personas y circunstancias que sean un medio para inducirle a pecar. El separarse del pecado también incluye deshacerse de revistas, materiales, objetos y todo aquello que esté relacionado con el pecado.

«...tú, hijo mío, no vayas en el camino con ellos, sino aparta tu pie de sus veredas...» Proverbios 1.15

«El que oculta sus pecados no prosperará, pero el que los confiesa y se aparta de ellos alcanzará misericordia». Proverbios 28.13

6. Revestirse con la armadura de Dios.

La manera como nos revestimos con la armadura espiritual es con la oración y a través de los dichos de nuestra boca. Es importante que nos vistamos con la armadura antes de salir del hogar y nos la coloquemos pieza por pieza. Recuerde que Dios no se la va a poner; es usted quien tiene que hacerlo.

«Por lo demás, hermanos míos, fortaleceos en el Señor y en su fuerza poderosa. Vestíos de toda la armadura de Dios, par que podáis estar firmes contra las asechanzas del diablo». Efesios 6.10,11

7. Cubrirse con la sangre de Jesús.

Cada vez que tenga su tiempo de oración, use la "Sangre de Jesús" para cubrir su mente, su espíritu, su alma y también a su familia. La sangre de Jesús nos cerca con una barrera de protección que el enemigo no puede penetrar. Es necesario cubrirse diariamente con su sangre, al igual que ponerse la armadura espiritual.

«Ellos lo han vencido por medio de la sangre del Cordero y de la palabra del testimonio de ellos, que menospreciaron sus vidas hasta la muerte».
Apocalipsis 12.11

8. Desarrollar un espíritu perdonador.

Una de las mayores razones por las cuales el enemigo puede venir a oprimir a los creyentes, es porque guardan resentimiento y falta de perdón en sus corazones. Después de perdonar a los que nos han ofendido en el pasado, tenemos que entender que vivimos en un mundo en el que siempre encontraremos a alguien que nos va a herir nuevamente. Por eso, es necesario que inmediatamente vuelva a perdonar y que desarrolle un espíritu perdonador. Ver *Mateo 18.21-35*

9. Resistir al diablo.

Dios nos ha dado armas espirituales; úselas para resistirlo. Estas armas son: la sangre de Jesús, la Palabra, el ayuno, los ángeles, la unción del Espíritu Santo, la alabanza y la oración.

«Someteos, pues a Dios: resistid al diablo, y huirá de vosotros». Santiago 4.7

10. Renovar nuestra mente.

La forma en que los demonios pueden intentar regresar es a través de la falta de disciplina. La mente es un campo de batalla. Usted debe desalojar las imaginaciones y llevar cautivo todo pensamiento a la obediencia a Cristo. Recuerde que usted tiene el poder y la autoridad dados por Dios para echar fuera demonios de su mente y para reprender cualquier ataque que venga a su vida.

«Porque las armas de nuestra milicia no son carnales, sino poderosas en Dios para la destrucción de fortalezas». 2 Corintios 10.4

Cuán importante es saber que la palabra de Dios promete libertar a todo aquel que se sienta esclavizado y oprimido por las fuerzas demoníacas. El nombre de Jesucristo es la máxima autoridad para romper cualquier atadura de las tinieblas y hacer libre completamente a todo aquel que esté dispuesto a creer en Él.

CAPÍTULO

17

Limpieza Espiritual de la Casa

A lgunas veces, las personas llevan el tema de la liberación a los extremos; pero ése no es nuestro propósito. A través de los años, hemos visto casos de creyentes bajo ataque y ellos no saben por qué. Muchas veces, es porque le han dado derecho legal al enemigo por medio de objetos y materiales de procedencia ocultista que han traído o dejado traer a su casa.

«Y esto fue notorio a todos los que habitaban en Éfeso, así judíos como griegos; y tuvieron temor todos ellos, y era magnificado el nombre del Señor Jesús. Y muchos de los que habían creído venían, confesando y dando cuenta de sus hechos. Asimismo muchos de los que habían practicado la magia trajeron los libros y los quemaron delante de todos...». Hechos 19.17, 18, 19

«Por esto los hijos de Israel no podrán hacer frente a sus enemigos, sino que delante de sus enemigos volverán la espalda, por cuanto han venido a ser anatema; ni estaré más con vosotros, si no destruyereis el anatema de en medio de vosotros. Levántate, santifica al pueblo, y di: Santificaos para mañana; porque Jehová el Dios de Israel dice así: Anatema hay en medio de ti, Israel; no podrás hacer frente a tus enemigos, hasta que hayáis quitado el anatema de en medio de vosotros». Josué 7.12, 13

Síntomas en una casa donde hay contaminación espiritual:

Enfermedad continua, pesadillas y sueños malos, insomnio, contienda y peleas de forma continua. Falta de paz, apariciones demoníacas, movimientos de objetos físicos sin razón, olores desagradables, continuas náuseas y dolores de cabeza.

«Porque en otro tiempo erais tinieblas, mas ahora sois luz en el Señor; andad como hijos de luz (porque el fruto del Espíritu es en toda bondad, justicia y verdad), comprobando lo que es agradable al Señor. Y no participéis en las obras infructuosas de las tinieblas, sino más bien reprendedlas». Efesios 5.8-11

Los artículos que se deben sacar y quemar son:

- Materiales que fueron usados en el ocultismo y en la brujería.

- Antigüedades con procedencia o historia desconocida.

- Materiales como: la ouija, juegos de dragones, estatuas de Buda, artefactos de adoración oriental, yoga y todo lo relacionado al hinduismo.

- Libros de la nueva era y de astrología.

- "Posters" de música rock, artes y cuadros con representaciones demoníacas.

- Material relacionado con sectas, tales como: Testigos de Jehová, Masonería, Mormonismo, Rosa Crucismo.

- Objetos que, supuestamente, traen "buena suerte", tales como: amuletos y fetiches.

- Objetos religiosos, imágenes de santos, vírgenes, velas que se usan para adorar santos o muertos, entre otros.

- Películas y videos con imágenes demoníacas, demasiada violencia, o pornografía.

- Ángeles, elefantes, la imagen de la diosa Diana, la reina del cielo y otros.

A veces, nos preguntamos por qué suceden tantas cosas en nuestra casa, y es porque tenemos objetos con procedencia demoníaca. Es conveniente hacer una limpieza de todo objeto que tiene influencias espirituales, en el nombre de Jesús, y hecha por el dueño de la casa con la plena convicción de lo que esta haciendo; la limpieza no necesariamente debe hacerse en compañía de un ministro de Dios.

Es importante que usted recorra toda su casa, su armario, su "closet", su sala y los cuartos. Pida al Espíritu Santo que le guíe mostrándole qué cosas hay que le son desagradables a Dios y esté seguro que Él le mostrará.

Conclusión

Hemos recorrido los aspectos fundamentales de la liberación; confío en que esto le continuará motivando a buscar más de Dios y de la libertad que Él quiere para su vida. Determínese a lograrla, tanto para usted como para su familia. Cuando usted sea libre, se sentirá feliz y podrá ser de testimonio y de aliento para tantas otras personas que, hoy, se sienten vacías, confundidas, enfermas, atormentadas y sin esperanza de cambio.

La liberación es el camino para lograr la felicidad en Cristo. Él ya dio su vida por nosotros, ahora tenemos que quitarnos las vendas y ataduras del pasado y seguirlo a Él en libertad. Jesús es el camino, la verdad y la vida; sígalo, dependa de Él y déjelo reinar en cada área de su vida. ¡Amén!

Oración del Pecador

A hora mismo, donde usted está puede recibir el regalo de la vida eterna a través de Jesucristo. Por favor, acompáñeme en esta oración, y repita en voz alta.

"Padre celestial: yo reconozco que soy un pecador, y que mi pecado me separa de ti. Me arrepiento de todos mis pecados, y voluntariamente, confieso a Jesús como mi Señor y Salvador, y creo que Él murió por mis pecados. Creo, con todo mi corazón, que Dios el Padre lo resucitó de los muertos. Jesús, te pido que entres a mi corazón y cambies mi vida. Renuncio a todo pacto con el enemigo; y si yo muero, sé que al abrir mis ojos, estaré en tus brazos. ¡Amén!

Si esta oración expresa el deseo sincero de su corazón, observe lo que Jesús dice acerca de la decisión que acaba de tomar:

"Si confiesas con tu boca que Jesús es el Señor y crees en tu corazón que Dios lo levantó de entre los muertos, serás salvo, porque con el corazón se cree para justicia, pero con la boca se confiesa para salvación". Romanos 10.9, 10

"De cierto, de cierto os digo: El que cree en mí tiene vida eterna". Juan 6.47

Testimonios

Testimonio 1: Mi liberación fue un poco larga, pues tenía muchas ataduras espirituales en mi vida. Yo nací en la República Dominicana y tengo descendencia haitiana: dos países, en los cuales se practica la brujería y el vodoo; y mi familia practica la brujería. Para el mismo tiempo, practiqué, también, la Santería con unos amigos cubanos. Algunos de ellos eran santeros y otros eran babalaos.

El día de mi liberación fue algo impactante. Las liberadoras comenzaron con el cuestionario, como de costumbre. El tiempo transcurrió y ellas me dijeron que sería necesario continuar al día siguiente.

El día antes de terminar mi liberación, cuando volvía a mi casa, subiendo a la autopista, una voz me dijo: "te voy a matar". En ese momento, pasaban camiones a mi lado y perdí la orientación del camino. Me asusté mucho; oré al Señor, me cubrí con la sangre de Jesús y Él me llevó con bien hasta mi hogar.

Finalmente, llegó el momento de renunciar a todos los espíritus que me tenían esclavizada, y uno a uno Dios me iba haciendo libre; pero, cuando llegaron al área sexual, (éstos fueron los más apestosos), comencé a eructar hediondo; era un mal olor que ni yo lo soportaba. Yo estaba muy atada a la masturbación desde mi niñez. Sí, ya conocía al Señor, pero no había dejado esa práctica y gracias al Señor, ese día fui libre

SANIDAD INTERIOR Y LIBERACIÓN

Mi vida ha sido transformada; puedo orar y leer la palabra de Dios. En fin, estoy enamorada de mi Dios.

¡ESTOY COMPLETAMENTE LIBRE!

Testimonio 2:

«Así que, si el Hijo os libertare, seréis verdaderamente libres». Juan 8.36

Éste es un versículo muy conocido, que abarca una maravillosa e inimaginable verdad, por el cual, he vivido a plenitud gracias a la misericordia y el inmenso amor de mi Jesús, y a quien doy toda la gloria, la honra y la alabanza por siempre, ¡amén!

Puedo decir con toda la certeza y seguridad, que la sanidad interior y la liberación son dos herramientas tan poderosas como la Palabra y la oración. En mi vida, experimenté lo que era sentir estar en el abismo más profundo, de donde no "había salida". Pero por la misericordia de Dios, pude ver desde el fondo de ese abismo, que "había una luz" que daría paso a mi libertad total, tal como lo dice el *Salmo 103.1-5.*

Llegué a la iglesia y pedí la cita para mi liberación, la cual llamé: "La Cita Divina". Comencé el proceso de mi sanidad interior con el Señor, quien utilizó a dos siervas preciosas, Ana y Maribel, para ministrarme. Ellas dieron todo de sí para que, a través del Espíritu Santo, yo pudiera ser libre. Fueron varias sesiones y aun de madrugada. Todo lo dispuso el Señor para la gloria de Él.

Yo me encontraba destruida emocionalmente. Estaba pasando por la etapa más difícil que una mujer o un hombre pudiera pasar, como decimos: estaba "muerta en vida". A lo largo de mi vida, había sufrido el abandono y el abuso en todas las áreas. Arrastraba, desde mi niñez, traumas que no había superado; en varias ocasiones había pensado en suicidarme, porque creía que sería el único remedio para alguien que sólo causaba problemas. Nunca terminaba lo que comenzaba. Sufrí el rechazo en todas las áreas que una persona puede experimentar. Mi autoestima estaba por el suelo. Me odiaba y me sentía culpable todo el tiempo; me condenaba, me creía menos que todas las mujeres, y pensaba que no servía para nada. Sufrí varios accidentes violentos. Como si fuera poco, me encontraba lejos de lo que más amaba: mis hijos, mi familia y mi país. Estaba en tierra desconocida, alejada del Señor y no tenía muchos amigos. El abandono de mi ex esposo, (quien era cristiano y con quien había servido con dedicación exclusiva en nuestro país), me causó tanto daño que lo único que deseaba era morirme.

Cada sesión de sanidad era toda una película. No fue fácil traer a la memoria las situaciones que experimenté en mi niñez, en mi adolescencia y aun en la adultez (mi matrimonio). Sin embargo, cada vez que asistía a las citas, sentía que mi carga se alivianaba. Por eso, dice el Señor en *Mateo 11.30*, *"porque mi yugo es fácil y ligera mi carga"*. Esa cita divina, como mencioné anteriormente, cambió totalmente mi vida, la cual dio un giro de 180 grados; mi semblante cambió, hasta mi físico. Todas las ataduras, las maldiciones y los traumas dolorosos desaparecieron. Pero, esto no fue por arte de magia, sino por medio de la decisión que hice ese día, ya que me había cansado de seguir en lo mismo. Sé que nuestras actitudes son importantes cuando tomamos decisiones que van a cambiar el rumbo de nuestra vida.

Sé que, para el Señor, nuestros errores quedan en el pasado y que ante sus ojos somos de gran estima. El hombre nos puede abandonar, engañar, pero en el Señor encontraremos el verdadero y perfecto amor (el ágape), el abrazo del amigo, del esposo y de la persona fiel.

Hoy, aun después de haber pasado por traumas, abandono, rechazo, separación y divorcio; y a pesar de que el Señor es claro en su palabra, en cuanto a este tema; sólo sé, que sé, que lo sé, que el único que no te hace sentir como una persona de tercera categoría es el Señor. Me liberó de todo espíritu de maldición que tenía; fui sana y hoy le sirvo con todo mi corazón agradeciéndole día a día por amarme tal como soy.

Hoy, pongo todo mi amor en el mejor ministerio de la iglesia: Evangelismo. Tengo promesas maravillosas del Señor... y sé que nunca me abandona, porque cuando se presentaron situaciones, después de la liberación, me di cuenta de que Él había obrado una sanidad total y éstas situaciones ya no pueden herirme.

Hemos sido llamados y Él cumplirá su propósito en nosotros. Cada proyecto que he comenzado lo he podido terminar, y muy pronto tendré a mis hijos conmigo.

Animo a toda mujer, hombre y joven a que, no deje que las cosas que le puedan estar pasando, tomen el control de su vida. Tome usted el control de lo que le rodea y déle un nuevo giro a su vida a través de la liberación y con la autoridad que tenemos en el nombre de Jesús. Haga del perdón un estilo de vida y verá cómo el Señor obrará maravillosamente en su corazón; tendrá libertad y podrá encontrar la paz que nadie más le podrá brindar. Pase por este proceso de Sanidad Interior y Liberación y su vida cambiará.

«No os acordéis de las cosas pasadas, ni traigáis a memoria las cosas antiguas. He aquí que yo hago cosa nueva; pronto saldrá a luz, ¿no la conoceréis? Otra vez abriré camino en el desierto, y ríos en la soledad». Isaías 43.19

Testimonio 3: Durante el tiempo que he estado ministrando sanidad interior y liberación, una de las cosas que me ha impactado, es ver cómo los hermanos llegan cargados y con múltiples maldiciones heredadas de sus antepasados. Una maldición es como una sombra que persigue a una persona. Ahí está el enemigo constantemente, queriendo robarle todas sus bendiciones. En *Deuteronomio 28.15*, dice: *«Y vendrán sobre ti todas las maldiciones, y te perseguirán y te alcanzarán hasta que perezcas».* 1 Juan 3.8 *«Para esto apareció el Hijo de Dios, para deshacer las obras del diablo».*

Además, en *Marcos 16.17* dice: *"estas señales seguirán a los que creen: en mi nombre echarán fuera demonios..."*. Esta declaración es difícil de entender para la mente humana, pero si Jesús lo declaró yo lo creo, y como liberadora, el Señor me ha ungido para libertar a los cautivos. La primera parte de este versículo nos muestra con exactitud que la liberación y la sanidad interior es un ministerio. Una de las cosas que el Espíritu Santo me ha guiado a entender, es que la liberación sigue siendo tan eficaz como cuando Jesús estuvo en la tierra.

Gracias le doy al Señor por haberme llamado a este ministerio; es un privilegio para mí. También, le doy gracias al Señor por confiarme a su pueblo amado, a los cuales puedo ministrar directamente, con la ayuda del Espíritu Santo y verlos libres, con gozo, con paz y con regocijo.

¡Toda la gloria, toda la honra y todo el honor sean para nuestro Padre Celestial. Amén!

Testimonio 4: Me reservo los nombres y los países de personas que hemos ministrados en el área de sanidad interior y liberación. Podríamos escribir muchos testimonios, del cambio en sus vidas, de ataduras del pasado de las que, para la gloria de Dios, el Señor Jesús les ha liberado. Podemos tener mucho conocimiento o asistir a todos los seminarios de liberación que queramos, pero siempre se va a necesitar la experiencia y la forma práctica de ministrar liberación. Dios me ha dado el privilegio de ministrar liberación a su pueblo, y he tenido casos, como el de hermanos que por años, aún siendo creyentes, vivían atados en el área sexual. Ellos trataban de cambiar, pero, por falta de conocimiento, de una correcta ministración o de un corazón dispuesto para renunciar a estas influencias, estaban siendo víctimas de las consecuencias del pecado y de las maldiciones generacionales que venían de sus familias. Hemos visto a estas personas ser libres y cambiar su manera de vivir por completo.

Testimonio 5: Recuerdo casos como el de un hombre creyente, nacido de nuevo, pero con una serie de problemas en las áreas financiera, emocional, física y espiritual. Cuando él estaba en el mundo, le habían hecho un trabajo de ocultismo, en el que, para obtener poder para hacer riquezas, tuvo que beber sangre de un narcotraficante que había tenido mucho dinero y poder en su país. Tuvimos que llevarlo a renunciar a todo esto y rompimos el pacto. Luego, echamos fuera cada demonio detrás de ese pacto, y vimos a un hombre verdaderamente libre y cambiado.

Recuerdo el caso de otro hombre. Su familia había practicado la santería por varias generaciones; y cuando él tenía dieciocho años, había participado en un tipo de ordenación, durante la cual "su" cabeza había sido dedicada a Satanás. A partir de entonces, él había tenido fuertes problemas con las drogas, era una persona muy violenta, los espíritus demoníacos le hablaban y le ofrecían poder. Le ministramos liberación, pues él quería ser libre; fue una ministración fuerte. El enemigo trajo una fuerte opresión a su cabeza, puesto que ésta le había sido dedicada a él.

Pero, el Señor lo hizo libre y ahora es un hombre diferente.

Esto mismo sucedió en otro país, en el que tuve la oportunidad de ministrar liberación a un hombre, creyente. En la familia de este hombre, habían maldiciones generacionales, a través de las cuales, venían operando espíritus de abuso sexual, violación y pedofilia (atracción sexual del adulto por los niños). Este hombre, de niño, había sido abusado por su abuelo, sus hermanos y un primo. Por consiguiente, al crecer, él también abusó de otros niños, y al llegar a la adolescencia, estaba poseído por un espíritu de homosexualismo. Con el pasar de los años, este joven conoce al Señor Jesús y lo acepta como su Salvador; pero nunca fue ministrado en sanidad interior y liberación; lo que le habían enseñado era que, al recibir a Cristo, todas las cosas viejas habían pasado y todo era hecho nuevo. Sin embargo, él seguía atormentado por los pensamientos e influencias espirituales de su pasado. No podía orar ni alabar al Señor. Le ministramos liberación y todas las influencias demoníacas se fueron. Este hermano fue lleno del Espíritu Santo; pudo llorar en la presencia del Señor y ser libre para orar y alabar a Dios.

Las iglesias del Señor Jesús que ministren correctamente a los nuevos convertidos o a sus miembros, tendrán congregaciones con creyentes sanos física, emocional, espiritual, mental y financieramente. Podrán vivir sanamente, servir al Señor y ayudar a otros.

Bibliografía

Baker Encyclopedia of Psychologyogist. (Fuente bibliográfica utilizada para "Los Mecanismos de Defensa").

Biblia de Estudio Arco Iris. Versión Reina-Valera, Revisión 1960, Texto bíblico copyright© 1960, Sociedades Bíblicas en América Latina, Nashville, Tennessee, ISBN: 1-55819-555-6.

Biblia Plenitud. Versión Reina-Valera, Revisión 1960, ISBN: 089922279X, Editorial Caribe, Miami, Florida.

Diccionario Español a Inglés, Inglés a Español. Editorial Larousse S.A., impreso en Dinamarca, Núm. 81, México, ISBN: 2-03-420200-7, ISBN: 70-607-371-X, 1993.

Eckhardt, John. *Déjanos Solos, los Gritos de los Demonios*, pp. 13-16.

Eckhardt, John. *Identificando y Rompiendo Maldiciones*, p. 1.

Eckhardt, John. *Liberación y Guerra Espiritual*, pp. 33-34, 39, 50, 75.

El Pequeño Larousse Ilustrado. 2002 Spes Editorial, S.L. Barcelona; Ediciones Larousse, S.A. de C.V. México, D.F., ISBN: 970-22-0020-2.

Expanded Edition the Amplified Bible. Zondervan Bible Publishers. ISBN: 0-31095168-2, 1987 – Lockman Foundation, USA.

Hammond, Frank. *Cerdos en la Sala.* Publisher: Impact Christian Books Publication, ISBN: 0892280271, pp. 45, 48-49, 50-53, 144-145, 154.

Marzullo, Frank. *Deliverance & Spiritual Warfare Manual.* Crusaders Ministries Publisher. ISBN: 0963056778

Prince, Derek. *Blessing or Curses.* Chosen Books Publisher. ISBN: 0800792807, pp. 45-47, 52-53, 56, 58.

Prince, Derek. *They Shall Expel Demons.* Chosen Books Publisher, ISBN: 0800792602, pp. 18-22, 98- 101, 165-166, 230.

Reina-Valera *1995 - Edición de Estudio,* (Estados Unidos de América: Sociedades Bíblicas Unidas) 1998.

Strong James, LL.D, S.T.D., *Concordancia Strong Exhaustiva de la Biblia*, Editorial Caribe, Inc., Thomas Nelson, Inc., Publishers, Nashville, TN - Miami, FL, EE.UU., 2002. ISBN: 0-89922-382-6.

The New American Standard Version. Zordervan Publishing Company, ISBN: 0310903335.

The Tormont Webster's Illustrated Encyclopedic Dictionary. ©1990 Tormont Publications.

Vine, W.E. *Diccionario Expositivo de las Palabras del Antiguo Testamento y Nuevo Testamento.* Editorial Caribe, Inc./División Thomas Nelson, Inc., Nashville, TN, ISBN: 0-89922-495-4, 1999.

Wagner Doris M. and Doris G. *How to Cast out Demons: A Guide to the Basics.* ISBN: 0830725350, pp. 47-48, 97-103, 117, 118.

Ward, Lock A. *Nuevo Diccionario de la Biblia.* Editorial Unilit: Miami, Florida, ISBN: 0-7899-0217-6, 1999.

ERJ

PUBLICACIONES

Cómo Ser Libre de la Depresión

Guillermo Maldonado

Usted encontrará en este maravilloso libro, escrito a la luz de las Sagradas Escrituras, un verdadero manual práctico que le enseñará, paso a paso, cómo enfrentarse a la depresión y ser libre de ella para siempre.

ISBN: 1-59272-018-8 | 80 pp.

Fundamentos Bíblicos para el Nuevo Creyente

Guillermo Maldonado

Este libro guiará al nuevo creyente a la experiencia de un nuevo nacimiento, y lo animará a crecer en el Señor.

ISBN: 1-59272-005-6 | 90 pp.

El Perdón

Guillermo Maldonado

No hay persona que pueda escaparse de las ofensas, por lo que en algún momento de su vida, tendrá que enfrentarse con la decisión trascendental de perdonar o guardar una raíz de amargura en su corazón.

ISBN: 1-59272-033-1 | 76 pp.

ERJ PUBLICACIONES

La Unción Santa

Guillermo Maldonado

El gran éxito que han obtenido algunos líderes cristianos, se debe a que han decidido depender de la unción de Dios. En este libro, el pastor Guillermo Maldonado ofrece varios principios del Reino que harán que la unción de Dios aumente cada día en su vida y así obtenga grandes resultados.

ISBN: 1-59272-003-X
173 pp.

Descubra su Propósito y su Llamado en Dios

Guillermo Maldonado

Mediante este libro, se pretende capacitar al lector para que pueda hacerse "uno" con su llamado; y además, adiestrarlo en el proceso que lleva a un cristiano a posicionarse en el mismo centro de "el llamado" de Dios para su vida.

ISBN: 1-59272-037-4 | 222 pp.

La Familia Feliz

Guillermo Maldonado

Este libro se ha escrito con el propósito primordial de servir de ayuda, no sólo a las familias, sino también a cada persona que tiene en mente establecer una. Estamos seguros que en él, usted encontrará un verdadero tesoro que podrá aplicar en los diferentes ámbitos de su vida familiar.

ISBN: 1-59272-024-2 | 146 pp.

ERJ PUBLICACIONES

La Generación del Vino Nuevo

Guillermo Maldonado

En este libro, usted encontrará pautas que le ayudarán a enrolarse en la generación del Vino Nuevo, que es la generación que Dios está preparando para que, bajo la unción y el poder del Espíritu Santo, conquiste y arrebate lo que el enemigo nos ha robado durante siglos, y podamos aplastar toda obra de maldad.

ISBN: 1-59272-016-1 | 211 pp.

Líderes que Conquistan

Guillermo Maldonado

Es un libro que lo llevará a desafiar lo establecido, a no conformarse, a no dejarse detener por topes o limitaciones; de tal modo, que no sólo cambiará su vida, sino que será de inspiración y motivación para muchos que vendrán detrás de usted buscando cumplir su propio destino en Dios.

ISBN: 1-59272-022-6 | 208 pp.

Evangelismo Sobrenatural

Guillermo Maldonado

Solamente el dos por ciento de los cristianos han guiado una persona a Jesús en toda su vida. Por esa razón, el pastor Guillermo Maldonado, por medio de este libro, presenta a los creyentes el gran reto de hacer un compromiso con Dios de ser ganadores de almas, y cumplir con el mandato de Jesucristo para todo creyente.

ISBN: 1-59272-013-7
132 pp.

ERJ PUBLICACIONES

El Poder de Atar y Desatar

Guillermo Maldonado

Este libro tiene el propósito de transformar su vida espiritual, enfocándonos de forma directa, en el verdadero poder que tenemos en Cristo Jesús. El conocer esta realidad, le hará dueño de una llave del Reino que le permitirá abrir las puertas de todas las promesas de Dios; y al mismo tiempo, podrá deshacer todas las obras del enemigo.

ISBN: 1-59272-074-9
100 pp.

La Oración

Guillermo Maldonado

Por medio de este libro, podrá renovar su interés en la oración; pues éste le aclarará conceptos fundamentales, y le ayudará a iniciar o a mantener una vida de comunión constante con Dios.

No es un libro de fórmulas o pasos para la oración, sino que va más allá, guiándonos al verdadero significado de la oración.

ISBN: 1-59272-011-0
181 pp.

La Doctrina de Cristo

Guillermo Maldonado

Es imprescindible que cada cristiano conozca los principios bíblicos fundamentales, sobre los cuales descansa su creencia en Dios para que sus cimientos sean fuertes.

Este libro suministra enseñanzas prácticas acerca de los fundamentos básicos de la doctrina de Cristo, que traerán revelación a su vida sobre el tipo de vida que un cristiano debe vivir.

ISBN: 1-59272-019-6
136 pp.

ERJ

PUBLICACIONES

Cómo Volver al Primer Amor

Guillermo Maldonado

Este libro nos ayudará a reconocer qué es el primer amor con Dios y cómo mantenerlo, para que podamos obtener una relación genuina con nuestro Padre Celestial.

ISBN 1-59272-121-4 | 48 pp.

La Toalla del Servicio

Guillermo Maldonado

El propósito de este libro es que cada creyente conozca la importancia que tiene el servicio en el propósito de Dios para su vida, y que reciba la gran bendición que se adquiere al servir a otros. Aquí encontrará los fundamentos que le ayudarán a hacerlo con excelencia, tanto para Dios como para los que le rodean.

ISBN: 1-59272-100-1 | 76 pp.

El Carácter de un Líder

Guillermo Maldonado

Muchos ministerios han caído debido a la escasez de ministros íntegros y cristalinos en su manera de pensar, actuar y vivir. Han tenido que pagar las duras consecuencias de no haber lidiado a tiempo con los desbalances entre el carácter y el carisma. ¡Dios busca formar su carácter!

Si está dispuesto a que su carácter sea moldeado, este libro fue escrito para usted. ¡Acepte el reto hoy!

ISBN:
1-59272-120-6
64 pp.

Sanidad Interior y Liberación

Guillermo Maldonado

Este libro transformará su vida desde el comienzo hasta el fin. Pues, abrirá sus ojos para que pueda ver las áreas de su vida que el enemigo ha tenido cautivas en prisiones de falta de perdón, abuso, maldiciones generacionales, etcétera. Porque *"conoceréis la verdad y la verdad os hará libres".*

ISBN: 1-59272-002-1
267 pp.

La Liberación: El pan de los hijos

Guillermo Maldonado

- ¿Cómo comenzó el ministerio de la liberación?
- ¿Qué es la autoliberación?
- ¿Qué es la iniquidad?
- ¿Cómo vencer el orgullo y la soberbia?
- ¿Cómo vencer la ira?
- ¿Cómo ser libre del miedo o temor?
- La inmoralidad sexual
- 19 verdades que exponen al mundo místico
- ¿Qué es la baja autoestima?

ISBN: 1-59272-086-2 | 299 pp.

La Inmoralidad Sexual

Guillermo Maldonado

De este tópico, casi no se habla en la iglesia ni en la familia; pero sabemos que hay una necesidad muy grande de que el pueblo de Dios tenga un nuevo despertar y comience a combatir este monstruo escondido que tanto afecta a los hijos de Dios. Este libro ofrece el conocimiento básico y fundamental para tratar con este problema.

ISBN: 1-59272-145-1 | 146 pp.

La Madurez Espiritual

Guillermo Maldonado

En esta obra, usted encontrará una nueva perspectiva de lo que significa la madurez espiritual, que lo orientará a identificar su comportamiento como hijo de Dios. Este material lo ayudará no sólo a visualizar los diferentes niveles de madurez que hay, sino también, a descubrir en cuál de ellos se encuentra para hacer los ajustes necesarios para ir a su próximo nivel de madurez.

ISBN: 1-59272-012-9
103 pp.

El Fruto del Espíritu

Guillermo Maldonado

En este libro, usted conocerá cuáles son y cómo se manifiestan los frutos del espíritu. Cada cristiano debe procurar estos frutos para su vida y atesorarlos de una manera especial. Pues, éstos son su testimonio al mundo de lo que Dios ha hecho en su vida, de manera que, cuando el hijo de Dios hable, el reflejo de su Padre acompañe sus palabras y éstas tengan un impacto mayor y más efectivo.

ISBN: 1-59272-184-2 | 170 pp.

Cómo Oír la Voz de Dios

Guillermo Maldonado

¿Desea aprender a oír la voz de Dios? Esta habilidad puede ser desarrollada en usted al aplicar las enseñanzas de este libro; no sólo para conocerlo cada vez más, sino también, para poder fluir en lo sobrenatural.

ISBN: 1-59272-015-3
190 pp.

ERJ PUBLICACIONES

«Hay un clamor alrededor de la tierra de millones de hombres y mujeres que están clamando...
¡Necesito un Padre!»

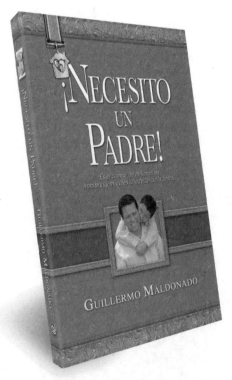

Necesito un Padre

Guillermo Maldonado

Hay muchos hijos espirituales y naturales que están huérfanos y que claman: ¡necesito un padre! Muchos de ellos sin propósito, sin dirección, sin destino, sin saber de dónde vienen ni a dónde van. Este libro le traerá una maravillosa revelación acerca de quién es el Padre Celestial, el padre espiritual y el padre natural; también, le enseñará lo que es un verdadero hijo.

Reciba hoy, a través de este maravilloso libro, la revelación del Espíritu Santo, que lo llevará a conocer a Dios como su Padre Celestial. Aprenda a desarrollar una comunión íntima con Él y a ser un hijo leal y maduro.

ISBN: 1-59272-183-4 | 199 pp.

La pastora Ana Maldonado nació en "La Joya", Santander, Colombia. Proviene de una familia numerosa, y es la octava de 16 hermanos. Actualmente, reside en la ciudad de Miami, Florida, con su esposo, el pastor Guillermo Maldonado, y sus hijos Bryan y Ronald.

La pastora es una mujer de oración, usada fuertemente por Dios, en la Intercesión Profética, en la Guerra Espiritual y en el ministerio de Sanidad Interior y Liberación; pues su objetivo es deshacer las obras del enemigo y rescatar al cautivo.

Constantemente, emprende retos y desafíos para restaurar familias, suplir las necesidades de niños de escasos recursos y mujeres abusadas, fundando comedores y casas de restauración. También, reta y levanta a los hombres para que tomen el lugar que les corresponde como sacerdotes del hogar y del ministerio. Es co-fundadora del Ministerio Internacional El Rey Jesús, reconocido como el ministerio hispano de mayor crecimiento en los Estados Unidos y de grandes manifestaciones del Espíritu Santo. Este ministerio nació en el año 1996, cuando ella y su esposo decidieron seguir el llamado de Dios en sus vidas.

La pastora Ana Maldonado se dedica al estudio de la Palabra desde hace más de 20 años, y posee un Doctorado Honorario en Divinidad de "True Bible College".

De la Oración a la Guerra
por la pastora Ana G. Maldonado

Éste es un libro que está trayendo un alto nivel de confrontación al pueblo cristiano; un pueblo que ha permanecido en la comodidad y el engaño de creer que puede alcanzar las promesas de Dios sin pagar el precio de la oración y la intercesión. El lector se sentirá sacudido por el poderoso testimonio de esta mujer de Dios, que fue de hacer oraciones de súplica a convertirse en un general del ejército del Dios Todopoderoso. El lector se sentirá desafiado por una mujer y una madre que se levanta, día tras día, en oración y guerra espiritual contra el enemigo, para arrebatarle por la fuerza lo que pertenece a los hijos de Dios y a su Reino.

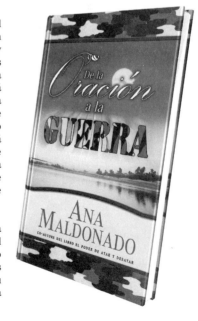

Es hora de que usted renuncie al temor a Satanás y acepte el desafío de usar la autoridad que Jesús le delegó para mantener al diablo bajo sus pies y para conquistar todos los terrenos que Dios ha preparado para su pueblo. ¡Anímese a pasar de la Oración a la Guerra!

ISBN: 1-59272-137-0 | p. 134